겸손한 공감

겸손한 공감

정신건강을 돌보는 이의
속 깊은 사람 탐구

김병수 지음

더퀘스트

독서실 책상이 빼곡히 들어차 있던 정신과 전공의실 귀퉁이에 앉아 MBTI 검사지에 까맣게 동그라미를 치던 내 모습이 떠오른다. 그때 나온 결과 해석에는 "완벽하려고 애쓰지만 언제나 만족하지 못한다"라는 글귀가 적혀 있었다. 이걸 본 선배가 "꼭 너네"라며 피식 웃으며 말했다.

정신과 의사 생활을 한지 이십 년이 훌쩍 넘었지만 여전히 부족한 게 많다. 누군가는 내가 하는 진료를 좋아하지만 또 다른 누군가는 실망하기도 했다. 내게 찾아온 모든 내담자가 만족할만한 상담을 한 날은 없었다. 나도 어쩔 수 없이 불완전한 인간인지라 100% 정확한 진단과 치료를 해낼 수는 없다. 환자

분들께는 죄송하지만 이것이 사실이다. 그럼에도 불구하고 완벽해지기 위해 지금도 매순간 분투하고 있다.

분투한다는 건 괴로운 일이다. 만족하지 못 하니 지침이 자주 찾아온다. 그래도 견딜 수 있었던 건 고통은 혼자 오지 않고 그 안에 언제나 지혜를 품고 온다는 걸 알기 때문이다. 진료하고 상담하며 불현 듯 찾아오는 통찰의 기쁨이 분투의 고통을 이겨내게 해줬다.

정신과 의사 일을 하려면 치밀하게 사고하고 분석하는 게 필수다. 하지만 내게 보다 더 자연스러운 성정은 감정 기능이다. 환자의 심리를 이해하는 것도 생각보단 감정을 통해서다. 얼굴 보며 마주 앉았을 때 자연스럽게 전해지는 느낌과 그 느낌이 자극하는 질문을 던지고 그 질문에 이어 흘러나오는 대답들을 그러모아 재구성하는 게 심리검사 보다 훨씬 더 입체적인 진단법이다. 한 사람의 성격과 행동이 '아, 그래서 그런 거구나'라는 깨달음도 철저한 해석 뒤에 찾아오는 것이 아니라 번개처럼 내리치는 느낌에 가깝다. 느낌을 촉매로 얻어진 내 나름의 소박한 통찰들을 이 책에 담아내고 싶었다.

진료라는 건 궁극적으로 환자를 위하는 행위지만 한 인간으로서 그리고 정신과 의사로서 나라는 사람이 은밀하게 성장해가는 일이기도 하다. 글을 쓰고 책으로 엮는 일의 목적은 환자들과 함께 하는 동안 벼락처럼 찾아왔던 지혜를 그분들께 되돌려 드리기 위함이다. 공짜로 얻은 보물을 혼자만 꿰차고 있어서는 안 되지 않겠는가.

새 밀레니엄이 시작되기 직전에 테스트했던 내 MBTI 결과는 그 후로도 변하지 않았다. 두 어 번 더 해봤지만 결과는 똑같았다. 프롤로그에 적힌 글을 보면 내 성격 유형이 드러난다. 눈치 챌 수 있겠는가? 그렇다. 나는 요즘 유행하는 말로 '인프피INFP'다. 세속적 성공보단 이상을 좇는다. 갈등 일으키며 실속 차리기 보단 화합하길 좋아한다. 현실 세계에서 큰 성취를 이룰만한 성격은 아니다. 그래서일까? 우리나라에서 손꼽는 최고의 병원에서 정신과 전문의로 십 년 넘게 진료했고 지금은 화분이 많은 작은 병원에서 오롯이 내 스타일대로 일하고 있다.

2022년 봄
서초동 작은 의원에서

차례

2

복잡한 일은 뒤로 하고 행복해지는 법

3

우울, 불안, 상처로 힘든 이들에게 전하는 말

4

팬데믹 시대 우리에게 필요한 마음 공부

1

온 마음을 다하여
정신과 의사가 하는 일

병원 이름을 그렇게 지은 이유가 뭐예요?

병원 이름을 이름으로 정한 이유가 뭐냐는 질문을 받았다. '당신은 텔레비전에 나오는 유명한 정신과 의사도 아니고 베스트셀러를 펴낸 적도 없으면서 병원 이름으로 자기 이름을 쓰다니 그 자신감은 어디서 비롯된 것이냐?'란 속뜻도 담겨 있으리라. 내 나름의 이유가 있긴 하다.

우선 행복 같은 단어는 병원 이름으로 쓰고 싶지 않았다. 솔직히는 이 단어를 병원 이름으로 쓸 자신이 없었다. 국가도 책임지지 못하는 행복을 일개 정신과 의사가 "행복하게 만들어 줄게요"라고 내세울 수는 없지 않은가.

공감이란 단어도 정신과 이름으로 많이 쓰는데 나는 이것도 피하고 싶었다. 완전한 공감이란 존재하지 않는다고 믿는

나로선 이 단어를 간판으로 내세우는 게 부담스러웠다. 무엇보다 좀 식상했다. 클리셰가 되어버려서 공감이란 단어가 이제는 어느 음식에나 넣어주면 감칠맛 살려주는 조미료가 된 것 같아서다.

위로라는 단어도 내키지 않았다. "어렵게 용기 내어 어떤 정신과를 찾아갔는데 의사의 태도가 차가워서 상처 받았다"라는 경험담을 접할 때가 있다. 의사 편을 들고 싶진 않지만 이건 따뜻한 위로를 원하는 환자와 중립적 태도를 유지하려는 의사 사이에서 빚어진 오해일 것 같다. 환자는 의사가 전적으로 자기편이 되어 응원 받길 원했는데 객관적으로 진단하고 치료해야 하는 의사는 그럴 수 없었던 게 아닐까 싶다. 물론 정신과 의사가 모두 다 온유한 것은 아니다. 그렇다고 따뜻한 품성이 느껴지지 않으니 좋은 정신과 의사가 아니라고 단정 짓는 건 곤란하다.

치유 혹은 힐링이라는 말도 배제하고 싶었다. 어쨌든 병원은 치료 받기 위해 오는 곳이니 이런 단어는 동어반복 같았기 때문이다. 무엇보다 당장이라도 병원만 오면 괴로움이 사라질 것 같은 환상을 심어줄 만한 작명은 피하고 싶었다.

책이나 유튜브 영상을 보고 나를 찾아왔다는 환자를 접하면 평소보다 더 긴장한다. 이상화된 정신과 의사에 대한 이미지를 환자가 마음속에 그리고 있다면 현실 의사와는 격차가 있을 수밖에 없고 이 간극을 환자가 느낄 때마다 치료적 관계는 삐걱댈 것이기 때문이다. 이렇게 찾아온 환자들 중에는 증상을 조금만 이야기하면 내가 정확한 진단을 척척 내놓고 뭔가 획기적인 치료법도 갖고 있을 거란 기대를 품고 있는 분도 계셨다. 안타깝게도 평범한 개원의에 불과한 내게 그런 재주가 있을 리 없다.

상담하다 보면 환자의 아픔을 고스란히 함께 느끼며 묵묵히 듣고 대화 나누는 것 외에 마음의 상처를 치유해줄 방도를 달리 찾지 못할 때가 너무 많다. 정신과에는 명의가 따로 없다. 나는 그렇게 믿고 있다. 굳이 꼽자면 자신의 이야기에 귀 기울여 주고 가능한 최대의 관심을 기울여주는 의사라면 모두가 명의일 테다.

정신과 의원은 의사 이름을 간판으로 거는 게 낫다고 나는 생각했다. 다른 과보다 정신과는 더 그래야 한다고 느꼈다. 정신과라는 진료 영역에서는 의사라는 사람 그 자체가 MRI 촬영이나 조직검사 같은 진단 도구다. 전기충격요법처럼 기구를 가끔 쓰기도 하지만 치료의 대부분은 의사와 환자 간에 의사소통으로 이뤄진다. 그러니까 정신과 의사가 어떤 사람이냐를 드러내는 것이 병원 작명으로 가장 적합할 텐데 그렇다면 의사 이름보다 더 나은 것이 어디 있겠는가.

동화 같은 이야기의 힘

　　"내가 살아야 할 이유를 못 찾겠어요." 갑작스러운 사고로 스물네 살에 불과한 딸을 저 세상으로 떠나보낸 어머니를 지난 일 년 동안 상담했다. 하지만 여전히 그녀는 앞으로 어떻게 살아야 할지 모르겠다고 했다. 삶의 의미를 찾지 못했다. 슬픔에 짓눌려 이겨내려는 몸부림조차 칠 수 없었다. 정신과 의사 일을 하다 보면 가족을 잃고 우울의 늪에 잠겨버린 이들을 자주 보게 된다. 그 중에서도 자식을 잃은 부모의 고통은 아무리 시간이 흘러도 잦아들지 않았다.

　　괴로워도 견디며 당신의 삶을 살아내야 한다는 말은 실제론 아무 도움이 안 된다. 오히려 "그저 하루하루 참고 사는 게 무슨 의미가 있냐!"라는 삶의 허무함만 다시 느끼게 할 뿐이다. 괜찮아질 거라고 말해주고 싶지만 그렇게 안 된다. 시간이 지나면 고통에 익숙해질 뿐 슬픔은 계속 남는다. 나도 따라 죽고 싶다는 절규를 들었을 땐 내 말문이 막혀버렸다. 혹시나 위험한 행동을 하지 않도록 당부해야겠다 싶어 북받치는 감정이 가라앉은 후에야 비로소 몇 마디 전할 수 있었다.

"자기 목숨은 자기 마음대로 할 수 있을 것 같지만 그렇지 않아요. 한 사람의 생명은 단순히 그 사람만의 것은 아니지 않을까요. 우리를 이 세상에 태어나게 해준 부모님의 것이기도 하고 같이 살고 있는 가족의 것이기도 하고요. 나를 좋아하는 친구의 것이기도 하고 친하지 않더라도 나를 알고 있는 모든 사람의 것이기도 해요. 당신의 생명은 이제 제 것이기도 합니다. 당신이 만약 죽는다면 당신을 알고 있는 나도 슬픔에 잠길 테니까요." 이 말이 그녀가 생의 의지를 붙들고 있는 데 얼마나 도움이 되었는지는 잘 모르겠다. 하지만 내 머릿속에는 이 이야기 밖에 떠오르지 않았다.

십오 년 전에 대학을 막 졸업한 딸이 암에 걸려 죽은 후에 우울증에 걸린 어머니를 상담했던 적이 있다. 그녀 역시 오랫동안 마음의 지옥에서 벗어나지 못했다. 딸이 죽고 난 뒤 사 년쯤 지나고 나서야 비로소 웃음을 되찾았는데 그때 그 어머니는 내게 이런 말을 했다. "우리 딸은 천사가 되어서 지금도 내 옆에 있어요."

동화 같은 이야기지만 이런 말을 하는 어머니는 진심으로 그렇게 믿고 있는 듯 했다. 적어도 내겐 그렇게 느껴졌다. 딸을 잃은 슬픔에서 벗어나지 못한 어머니가 만들어낸 환상쯤으로 치부할 수도 있겠지만 절대로 그렇게 보이지 않았다. 그녀의 이야기를 들으며 '이 세상이 무작위로 던져주는 슬픔을 가슴에 품고 살아가려면 우리에게는 자신만 아는 신화가 필요한 게 아닐까?'라는 생각이 들었다. 나도 그랬으니까.

어릴 적 나를 키워주신 외할머니가 돌아가셨을 때 '저 먼 하늘 어디선가 반짝이는 별이 되어서 나를 내려다보고 계실거야'라고 생각했다. 그렇게 믿어야 마음이 조금 덜 아팠다. 그 뒤로 나는 인간이 죽으면 우주에 새로운 별로 태어난다는 믿음을 갖게 되었다. 나이가 오십이 된 지금도 나는 그렇게 믿고 있다. 누군가 나에게 말도 안 되는 소리로 자신을 속이고 있는 것 아니냐고 해도 상관없다. 언젠가 내가 죽더라도 '저 새까만 밤하늘에 별이 되어 딸이 있는 곳에 빛을 비춰줄 거야'라는 생각을 품고 지금도 하루하루를 살고 있다. 어쩌면 우리 인간은 벗어날 수 없는 고통을 겪을 때마다 자기만의 비밀스러운 신화를 마음속에 하나 둘씩 만들며 살아가게 되는 것일지도 모르겠다.

인생의 비극을 대하는 최선의 자세

　　나는 정신과 전문의 자격증을 따고 군의관으로 입대했다. 훈련을 마치고 처음 발령 받은 근무지는 경북 경산에 있는 국군병원이었다. 그곳에서 일한 지 몇 달 지나지 않아 이라크 파병 통지서를 받았다. 레지던트 생활을 마치고 전문의가 된 직후에 매서운 날씨를 이겨내며 삼 개월의 훈련을 마치고 그제야 안정된 생활을 하나 싶었던 시기였다. 그 당시 아내는 임신을 하고 있었다. 저 먼 중동 땅에서 근무하라는 명령장을 받고 나서 아내와 부둥켜안고 울었다. 2004년 봄 나는 이라크에서 딸이 태어났다는 소식을 전화로 전해 들었다.

　만약 내가 인생은 즐겁고 행복해야 한다는 믿음에 매달려 사는 사람이었다면 2004년을 견디기가 더 어려웠을 것이다.

다행이라고 해야 할지 모르겠지만 나는 약간의 비관주의를 품고 있는데다가 "살면서 겪는 모든 일에는 나름의 신비가 숨겨져 있는데 우리 인간은 시간이 한참 지난 후에야 그걸 발견할 수 있어"라고 믿었기에 그나마 견디기가 수월했다.

예상치 못한 시련이 찾아와 삶을 원망하고 싶은 마음이 불쑥 치밀어 오를 때마다 '진주를 품은 조개 하나를 건네받은 거야'라고 생각하려고 애쓰며 산다. 2004년에 겪었던 일들을 지금은 내 책의 소재로 쓰기도 하고 강연할 때 유머 삼아 꺼내 놓기도 한다.

그 해에 겪었던 수많은 일 중에 C-130, 일명 허큘리스라고 불리는 공군 수송기를 탔던 경험은 지금까지 나의 뇌리에 강렬하게 남아 있다. 이라크 어느 공항에서 쿠웨이트의 알리 알 살렘 공군 기지까지 이걸 타고 날아갔다. 비행하는 내내 밖이 보이지 않는 좁은 통로에 빨간색 로프로 만든 의자에 앉아 있었다. 비행기는 이륙하자마자 고도를 급하게 올리더니 빙글빙글 돌기 시작했다. 왜 이렇게 조정하는 거냐고 물었더니 그래야 로켓포를 피할 수 있기 때문이라고 했다.

어차피 벗어날 수 없는 상황에서 '왜 내가 이런 일을 겪어야하는 거야'라고 억울해봤자 몸도 마음도 더 괴로워질 뿐이다. 어지럽고 토할 것 같았지만 아무나 탈 수 없는 세상에서 제일 무서운 롤러코스터를 타고 있는 거라고 스스로에게 최면을 걸었다. 지금은 그때 체험을 내 블로그에 무용담처럼 늘어놓고 있다.

살다보면 몸이 부서져라 애써도 그에 마땅한 보상을 얻지 못하는 상황을 누구나 겪게 된다. 빈둥거리며 살다가도 행운이 넝쿨째 굴러 들어오는 일도 가끔 생긴다. 이런 부조리에 맞닥뜨렸을 때 "당신에게 삶이란 무엇과 같습니까?"라고 질문하고 대답을 들어보면 그 사람의 인생 태도가 드러난다.

삶을 게임처럼 생각하는 사람에게 세상은 경쟁의 무대이고 그 사람은 그 위에서 이기는 것을 목표로 행동할 것이다. 반면 인생이 신의 선물이라 믿는 이라면 그와는 다르게 살 것이다. 세상살이는 무서운 거라는 생각을 품고 산다면 미지와 조우했을 때 겁먹고 도망치려고 할 거다. 인생을 한 번도 타본 적 없는 놀이기구로 가득한 공원이라고 여기면 역경에 맞서기가 그나마 낫다. 그리고 인생을 한 편의 비극이라 믿더라도 우리가 보일 수 있는 최선의 자세는 하루하루를 용감하게 살아내는 것일 테다.

우리는 불완전하다

세상은 우리에게 외친다. "간절히 원하면 당신이 꿈꾸는 모습으로 얼마든지 변할 수 있어요!" 수많은 영화와 드라마, 광고가 한순간도 쉬지 않고 이런 믿음을 전파하고 있다. 자기계발서와 동기부여 전문가, 유명 인사들이 유튜브에 나와서 당신도 노력하면 나처럼 될 수 있다고 펌프질한다. 모든 인간은 제우스의 자녀이기 때문에 누구나 최고의 덕을 갖출 수 있다고 말한 고대 스토아 철학자 에픽테토스의 주장을 믿고 싶겠지만 현실은 그렇지 않다.

아무리 애써도 숙달되지 않는 기술이 있다. 다짐하고 열망해도 얻을 수 없는 자질이 누구에게나 있다. 닮고 싶어도 내 것이 될 수 없는 삶의 방식도 있다. 우리에겐 한계가 있다. 우리는 모두 불완전하다. 노력하면 자신이 원하는 대로 얼마든지 될 수 있다는 생각은 이 세상이 만들어낸 신화다.

"정신분석을 열심히 받으면 내가 싫어하는 내 성격도 고쳐지겠죠?" 내담자가 묻는다. "그럴 수 없어요"라고 담담하게 답한다. 그러면 이런 질문이 되돌아온다. "그렇다면 상담을 왜 받아야 하는 거죠?" 내가 대단한 정신과 의사가 아니니 정답을 알려주진 못해도 심리치료 목표에 대한 내 나름대로의 생각을 들려줄 순 있다. "자신의 한계를 알아가는 것, 자기에게 어울리는 목표를 찾는 것, 그리고 그것을 향해 헌신하는 태도를 기르기 위함이죠." 그리고 한 가지 더 덧붙이면 "목표에 도달하지 못했다고 해서 스스로를 안 된다고, 인생은 끔찍하다고 원망하지 말고 의미 있게 살아갈 수 있는 자기만의 방법을 찾기 위한 거죠."

나는 어릴 때부터 체력이 약했다. 어머니가 정체 모를 보약을 챙겨주셨지만 그걸 아무리 먹어도 학교에서 달리기를 하면 번번이 꼴찌를 했다. 공부할 때도 쉽게 지치고 암기나 이해가 잘 안 되면 예민해지기 일쑤였다. 고등학교 때 같은 반에는 세계수학올림피아드 대회에 나가서 메달을 척척 따오는 친구들이 몇몇 있었다. 밤 새워 공부할 체력도 안 됐지만 할 만큼 했는데도 그들처럼 되진 않았다. 나는 생각했다. '서너 시간 자고도 끄떡없이 공부하는 친구들처럼 될 수는 없어. 사진 찍듯 암기하는 능력이 있는 것도 아니야. 그렇다면 약점을 나만의 개성으로 보완하자.' 이렇게 마음먹다 보니 학창시절부터 "남들이 하지 않는 것, 남다른 것을 하자"가 내 삶의 지침이 되었다. 억지로 드러내려고 하진 않지만 그래도 다른 사람들이 나를 보면 "완벽하지는 않아. 하지만 뭔가가 있어"라는 인상이 들게끔 하고 싶었다. 나의 흠결을 인정하고 나니 '어떻게 살아가야 하는가?'에 대한 나름의 생각도 또렷해진 것이다.

그렇다고 해서 자신의 부족함을 메꾸기 위해 노력할 필요가 없다는 뜻은 아니다. "나는 올빼미형 인간이라 아침 일찍 일어나는 게 힘드니까 제시간에 출근하는 일은 못 해"라고 체념해버리는 운명론자처럼 굴면 안 된다. 지각 안 하고 개근하는 건 가치 있는 행동이다. 가능하면 그렇게 할 수 있도록 최선을 다하는 게 맞다. 하지만 노력만 하면, 출근 세 시간 전에 기상해서 원두를 갈아 커피를 내려 마시고 책상에 앉아 고전을 읽은 뒤에 A4 한 장 분량의 글까지 쓰는 종달새형으로 바뀔 거라고 믿어선 안 된다. 우리는 스스로를 단련하면 조금씩 더 성숙해질 수는 있어도 내향성이 외향형으로 바뀌거나 예민한 성격이 둔감해지지는 않는다. 열심히 운동하면 물렁살이 빠지기는 해도 낮은 콧대가 뾰족해지지 않는 것처럼 말이다.

선생님은 스트레스를 어떻게 푸나요?

"스트레스 많이 받으실 텐데 어떻게 푸세요?"라는 질문을 자주 받는다. 이 말은 하루종일 우울하다는 말을 들을 텐데 아무리 전문가라도 스트레스가 쌓여 괴롭지 않느냐고 짐작하고 묻는 것일 테다. 맞다, 별 수 없이 나도 스트레스를 엄청 느낀다. 어떻게든 풀어야 버틴다. 식상하게 들리겠지만 나는 이런 질문에 "그냥 걷고 뛰어요"라고 대답한다.

러닝머신 위에서 거의 매일 뛴다. 휴일에는 자주 산을 오른다. 심리적 스트레스는 몸을 움직여야 풀린다. 개인적인 체험도 그렇지만 행동 활성화가 효과적이라는 의학적 증거들은 차고 넘친다. 스트레스 해소뿐 아니라 가벼운 우울증에도 신체 활동은 약만큼, 아니 약보다 더 효율적인 치료제다.

현대인의 스트레스는 대부분 정신적인 것이다. 하루 종일 의자에 앉아 일해도 피로에 빠진다. 일을 마치고 집에 가면 지쳤다고 느끼지만 뇌라는 엔진은 계속 돌아간다. 누워서 쉬면 스트레스가 풀릴 것 같지만 실제로는 반대다. 휴일 내내 소파에 누워 텔레비전만 보면 어떻게 될까? 더 무기력해진다. 평소에 뇌는 많이 쓰고 몸을 적게 썼다면 이 둘 사이에 균형을 맞추기 위한 조율이 필요하다. 그게 바로 운동이다.

뜨거워진 뇌를 식히기 위해 명상하는 것도 좋다. "당신도 명상을 하느냐?"고 물어오기도 한다. 마음 다스리는 일에 천착하는 이들은 하루 중에 따로 시간을 내서 조용한 방에서 가부좌 틀고 앉아 명상을 하던데 솔직히 나는 그렇게는 하지 못한다. 대신 책상 정리, 설거지, 식물에 물주기도 세심하게 주의를 기울여 행하면 그것이 바로 명상적 활동이라고 믿기에 "나도 명상해요"라고 웅변할 만한 명상은 따로 하지 않는다.

"선생님의 스트레스 해소법을 알려주세요"라는 질문을 받고 '걷고 뛰기'라는 답만 하면 성의 없다 느낄까 봐 한두 가지 덧붙여 들려주기도 한다.

우선 쉬는 날은 무조건 재밌는 걸 하려 한다. 하루종일 사는 게 재미없다, 즐거움이 안 느껴진다는 소리를 들어야 하는 게 정신과 의사의 일이기 때문이다. 기쁨을 불러일으키는 버튼은 사람마다 다 다르다. 그러면 나는 무엇에 즐거움을 느끼는가?

정보 수집이 나의 재미 중 하나다. 독서는 말할 것도 없고 인터넷 검색과 신문읽기, 여러 잡지의 이미지를 눈으로 주워 담기도 하고 전시회 해설집도 꼼꼼히 챙겨 본다. 여기서 멈추지 않는다. 흥미를 자극하는 이야깃거리들은 컴퓨터 메모장에 꼭 옮겨둔다. 나중에 글감으로 쓰기 위해서다. 그러니까 내게는 '보고 쓰기'가 스트레스 해소제인 셈이다.

미술 작품을 보고 나만의 비평을 쓰기도 한다. '이 그림, 정말 좋아!'라고 느꼈지만 왜 좋은지 말로 설명이 안 될 때가 참 많다. 그러면 감동의 이유를 언어화해보고 싶다는 욕구가 일렁이고 무엇이든 쓰게 된다. 예술을 글로 옮기다 보면 궁극적으로는 작품이 아니라 내 마음을 보게 된다. 미술로 나를 알아가게 되는 것이다. 누구에게 보여주고 "좋아요"를 받지 못해도 이런 글을 쓰는 과정 자체가 내겐 큰 즐거움이다. 요즘은 한가람미술관 청년미술상점에서 우연히 발견한 젊은 작가의 그림을 "어떤 매력에 끌려서 꿍쳐두었던 비상금을 털어내 구입하게 됐을까?" 하고 스스로에게 물으며 그 답을 활자로 풀어내는 중이다.

좋은 위로

　　정신과 의사를 찾아오는 이유는 다양하다. 정신과도 의료의 한 분야이니 당연히 우울증이나 불안장애 같은 질환을 치료 받기 위해서 온다. 그런데 요즘에는 마음의 병이 없어도 상담하고 싶다며 정신과에 오는 이들도 적지 않다. 최근 들어 부쩍 늘어난 상담 주제는 "가족이나 친구를 심리적으로 도와주고 싶은데 어떻게 해야 할지 모르겠다. 그 방법을 알려 달라"는 것이다. 곁에 있는 이를 현명하게 도와주고 싶어서 자신은 문제가 없는데도 전문의와 상담하고 싶다며 찾아온다. 이런 사례들을 모아서 분류하면 대체로 세 가지로 나뉜다.

　　첫 번째는 구체적인 해결책을 얻고 싶어 하는 경우다. 예를 들면 이런 거다. "동생 부부가 사이가 안 좋은데 언니로서 조언을 해주고 싶어요. 차라리 이혼하라고 하는 게 나을지 고민이 되는데 선생님은 어떻게 생각하세요?" 사랑하는 가족의 괴로움을 같이 나누는 것을 넘어서 문제를 풀어주어야 한다고 절박함을 느끼는 것이다. 애정이 깊어서 그렇다는 것을 잘 알지만 그래도 섣부른 조언은 독이 될 수 있다. 인생 문제에 딱 부러진 정답이란 존재하지 않는다. 그런데 마치 해결책을 알려주는 것처럼 충고하면 문제가 악화될 수 있다.

아무리 옳고 현명한 답이라도 상대가 원할 때까지 기다려야 한다. 심리적으로 준비되어 있지 않은 상태인데 "이렇게 해라, 저렇게 해라." 하고 조언하면 마음의 부담만 더 키운다. 차라리 "내가 도와주고 싶은데 네가 원하는 것이 무엇이냐?"라고 직접 물어보는 게 낫다. 바라지 않는 충고는 제대로 행동하지 못하고 있다는 비난의 말이나 마찬가지다. 그럼에도 불구하고 굳이 충고를 하고 싶다면 '만약에 질문법'을 활용해라. "만약에 ~을 해본다면 어떻겠느냐?"라는 가정적인 질문으로 조언을 대신하는 것이다.

그 어떤 해답도 존재할 수 없는 고통에 빠진 친구를 제대로 위로해주는 방법을 알고 싶다며 정신과를 찾는 내담자도 있다. "친구 동생이 자살을 했는데 그 친구는 지금 슬픔에 빠져서 식사도 못 하고 있어요. 어떻게 위로해주어야 그 친구에게 도움이 될까요?"라고 물어온다. 어설픈 위로로 상처가 덧날까 조심스럽고 상투적인 말로는 진심이 전달되지 않을 것 같아 염려한다. 애도 기간이라면 어떤 도움도 줄 수 없다. 스스로도 할 수 있는 게 없다. 이때는 같이 있어주는 것 자체가 위로다. '단지 존재함'으로 위안을 줄 수 있다. 도와주고 싶다는 간절함이면 충분하다. 말보다 보디랭귀지를 잘 활용하면 좋다. 친구가 하는 말을 들어주며 눈 맞추고 고개 끄덕이고 애정 어린 표정을 짓는 것. 이 세 가지로 공감을 전달할 수 있다.

  "남편이 우울해 보인다. 걱정돼서 왜 그러냐고 물으면 대답도 안 하고 짜증을 낸다"며 아내가 답답함을 토로하는 사례도 흔하다. 분명 도움이 필요한 상태인데도 도움을 거부하는 가족이 있을 때 어떻게 관심과 염려를 전달해야 될지 모르겠다고 한다. 이때는 "표정이 어두워 보인다"며 상대의 감정을 같이 느끼고 있다는 것을 알려준다. 정서적 승인이라고 한다. 왜 우울한지 이유를 말해보라고 다그치지 말고 먼저 "당신 마음을 이해하고 싶다"고 말해야 한다. "도움이 필요한 것이 있으면 언제든지 말 해줘요"라며 상대의 마음에 항상 귀 기울이고 있다는 확신을 보여주면 된다. 승인과 확신을 꾸준히 보여주면 마음의 문이 열린다.

마음의 온도를 높이는 법

마지막 환자를 진료하고 병원 문을 잠그고 나오는 시간은 8시 무렵이다. 조금 더 빨리 끝내고 싶지만 퇴근하고 상담받으러 오는 직장인들이 있어서 그리 못 하고 있다. 해가 일찍 떨어지는 늦가을쯤부터는 이 시간 무렵의 내 기분도 덩달아 어둑해진다. 그 상태로 집으로 바로 들어가면 아무것도 하기 싫어서 소파에 드러눕게 되는데 귀한 저녁 시간을 이렇게 흘려보내면 마음이 밝아지지 않는다.

일터와 집 사이에서 스트레스를 날려버릴 중간지대가 그래서 필요했다. 바로 헬스장이다. 대단한 운동을 하지는 않는다. 그저 걷고 뛴다. 몸을 많이 움직일수록 낮 동안 쌓였던 긴장이 잘 풀린다. 밤에 푹 잘 수 있고 다음날 컨디션도 더 좋아진다.

지친 몸을 억지로 움직이게 하는 건 하루하루를 견뎌내기 위한 일종의 수련 같은 것이라 사실 그리 재밌지는 않다. 그래도 꾸준히 할 수 있었던 이유는 열심히 뛰고 난 뒤에 하는 목욕이 좋아서다. 뜨뜻한 물이 가득한 탕 안에 들어가 눈을 감고 있으면 천국이 따로 없다. 이 느낌을 너무 사랑하기 때문에 고된 운동도 참고 할 수 있었다.

나만의 우울 해소법도 뜨거운 탕에 들어가 몸을 데우는 거다. 그러면 의욕이 슬금슬금 올라오고 활기가 되살아난다. 계절에 따라 컨디션이 변하는 체질인데 겨울이면 아침에 침대에서 나오기가 어려워지고 기상 시간도 늦어지기 일쑤다. 이럴 때도 일어나자마자 뜨거운 물이 머리위에서 폭포수처럼 떨어지게 샤워를 하면 정신에도 온기가 돈다.

위스콘신대학교 연구팀이 우울증 환자의 심부 체온이 정상보다 1.5도 올라갈 때까지 열기가 나오는 통 안에 있도록 하는 치료를 정기적으로 시행했더니 일주일 후에는 항우울제를 먹은 것과 비슷한 수준으로 우울 증상이 좋아졌다는 결과를 발표한 적이 있다. 핀란드의 한 연구팀은 773명의 일반인을 대상으로 정서를 자극하는 영화를 보여준 후에 체온 변화를 측정했는데 행복감을 느낀 이들은 몸 전체에서 온도가 고르게 올라갔고 우울감에 젖은 사람들은 전신 체온이 낮아지는 것을 발견했다. 연인을 찾지 못한 청년이 옆구리가 시리다고 괜히 말하는 게 아닌 것처럼 감정에 따라 체온을 다르게 느낄 수 있다는 걸 확인한 것이다.

우리는 의지만으로 정서를 조절할 수 없다. "좋은 기분을 느낄 거야"라고 다짐한다고 그렇게 되지 않는다. 하지만 몸이 따뜻해지면 자연스레 마음의 온도도 올라간다. 그래서 나는 우울증 환자들에게 "뜨거운 물로 자주 목욕을 하세요"라고 권유하기도 한다. 정신과 치료도 어쩌면 온도를 조절하는 것과 비슷할지 모른다. 차갑게 식어버린 감정 때문에 괴로워하는 이가 세상의 온기를 빨아들여 마음의 온도를 올릴 수 있게 도와주는 것이 정신과 의사의 일이니 말이다.

종아리가 뻐근해질 정도로 뛰고 난 뒤에 하던 반신욕도 요 몇 달 동안 하지 못했다. 늦은 저녁 피트니스센터 러닝머신 위를 뛰던 저녁 루틴이 속보로 바뀌었고 운동 후 땀에 젖은 몸도 제대로 씻지를 못했다. 고된 일과를 보낸 후 식어버린 마음을 훈훈하게 만들어줬던 뜨뜻한 목욕물이 너무나 그립다. 나의 저녁 루틴이 이전처럼 제대로 돌아갈 수 있기를 고대한다.

여섯 개의 세상을 만난 날

우울증과 가족 문제로 시달려왔던 사십 대 여성이 오늘 첫 환자였다. 성가시게 오르내리는 기분과 씨름하면서도 책임감과 성실함으로 지금껏 일을 놓아본 적이 없었는데 서너 달 전에 갑자기 "이제 좀 쉬려고요. 친정 가족과도 당분간 거리 두고 내 마음을 돌보고 싶어요"라고 말했다. 좋아하던 책읽기와 아이들을 위해 요리하며 하루를 보내는 것만으로도 너무 행복하다고 했던 그녀였다. 상담실 의자에 앉아 굳은 표정으로 "유방암이래요. 며칠 있다 수술 받을 거예요"라고 했을 때 눈물이 그녀의 눈가에 맺혔다가 이내 사라졌다.

한편 바로 이어서 상담한 환자는 오 년 전에 유방암 수술을 받고 지금까지 재발 없이 지내고 있다. 삼 년 전쯤 그녀를 처음

봤을 때는 "암이 재발할까 봐 불안해요. 내가 죽고 나면 아들은 어떻게 될까요?"라는 말만 되풀이하며 공포에 떨었다. 어떤 말로도 그녀를 진정시킬 수 없었다. 요즘은 불안이 많이 가시고 건강에 자신이 생겼는지 간간이 술도 즐긴다. "술 마시면 안 돼요. 불안증이 재발해요. 무엇보다 몸 건강을 위해서 금주하셔야죠"라고 야단치듯 말했더니 진료실 밖으로 새나갈 정도의 큰 목소리로 "알겠어요. 술 안 마실 테니 걱정 마세요"라고 대꾸했다.

24시간 오픈하는 식당을 운영 중인 사장님은 공황장애 환자다. 야간 영업이 매출의 큰 부분을 차지했는데 코로나로 직격탄을 맞았다. 올해 초까지만 해도 "사업하다 보면 적자 나기도 하고 대출도 받는 거죠. 늘 있는 일인데요, 뭘"이라며 웃었다. 요즘은 검정색 마스크 위의 눈가에서 웃음기가 사라졌다. 공황 발작이 잦아졌고 아내와 종종 다투는 일상을 보낸다.

얄궂게도 다음에 들어온 다른 사장님은 언택트 시대에 발맞춰 라이브커머스 사업을 시작할 거라며 흥이 잔뜩 올랐다. 공황장애 때문에 외출할 때마다 불안해했는데 목표가 생기니 지방 출장도 가고 회의하며 낯선 사람들을 만나도 끄떡없이 지낸다.

대학 졸업하고 하는 일 없이 몇 년째 부모님과 같이 사는 이십 대 청년은 오늘 상담에서도 "하고 싶은 게 없어요"라며 들릴 듯 말 듯 웅얼거리다 돌아갔다. 같이 온 어머니는 "우리 애가 좋다고만 하면 뭐든지 도와주고 싶은데 아무 것도 하기 싫다고 하니 답답해 죽을 지경이에요"라며 탄식을 내뱉었다.

이름을 들으면 누구나 알 법한 배우가 오늘 마지막 환자다. 불면증 때문에 예약 없이 찾아왔다. 늦은 저녁의 고즈넉한 공기에 취해서인지 그녀는 이런저런 넋두리를 풀어놨다. "어릴 때부터 하고 싶은 게 너무 많았어요. 무서운 아버지와 우울한 어머니는 나를 이끌어줄 수 없었죠. 조금만 더 사랑 받고 자랐더라면…"이라고 말할 땐 목소리가 조그맣게 줄어들었다.

밤 9시가 훌쩍 넘었다. 혼자 진료실 책상에 앉아 있다. 이곳에서 한 해가 저물어가는 어느 날 나는 그들과 함께 시간을 나눴다. 누구는 암에 걸렸고 누구는 암에서 벗어났으며 누구는 빚내서 한 달을 넘기고 또 넘기고 있는데 다른 누구는 새로운 사업에 돈을 쏟아부었다. 누군가는 세상에 알려지기 위해 혼신을 다하는데 또 다른 누군가는 자기가 만든 고치 안에서 나오지 않으려 했다.

그날 밤 창밖에선 비만클리닉 빌딩 벽에 붙어 있는 요란한 네온사인이 희번덕거렸고 내 안에서는 '삶이란 대체 뭘까?'라는 물음이 점멸하며 마음을 어지럽히고 있었다.

정신과 치료에 필요한 시간

환자 한 분이 "정신과 의사라면 듣기 좋은 말로 위로 해주고 희망찬 말도 해줘야죠"라며 목소리를 높였다. 도대체 어떤 이야기가 듣고 싶었을까? 이 분은 정확한 원인을 딱 부러지게 짚어주기를 바랬다. 언제까지 약을 먹으면 다 나을 거라는 분명한 시간을 알고 싶어 했다. 확신이 담긴 목소리로 "내가 당신을 완전히 고쳐드리겠다"라고 말해주기를 원했던 것 같다. 하지만 나는 이 모두에 대해, 그분이 듣고자 하는 답을 못 드렸다. 뜨뜻미지근하게 "당분간 약 드시면서 같이 기다려봅시다"라고 할 수 밖에 없었다.

우울증으로 고생하는 사람들은 백이면 백 답답해한다. 의학 기술이 발달해도 아직 마음을 보여주는 기계는 없다. 자기

공명영상으로 두개골 안을 들여다볼 순 있어도 정신은 볼 수가 없다. 도대체 우울증 원인이 뭐냐고 물어도 "이거다." 하고 짚어주지 못할 때가 많다. 다양한 원인이 발병에 기여하기 때문에 단 하나의 이유로 콕 찍어 설명할 수 없다. 어떤 때는 진단이 바뀌기도 하니 '이 의사를 믿어도 되나?'라고 의심하는 것이 눈에 보인다. 내 능력이 부족한 탓도 있겠지만 근원적으로는 우리 마음이 원래 애매모호하고 불확실하기 때문이다.

듣기 좋은 말로 희망을 선명하게 그려주면 좋겠지만 이것만으로 치료가 완성될 리 없다. 직설적인 언어로 환자를 아프게 해서도 안 되지만 섣부른 낙관의 언어가 치료의 걸림돌이 되기도 한다. 공감만 잘 해준다고 해결되는 것도 아니다. 의사와 환자의 관계 즉 라포가 좋으면 치료 효과도 좋아진다는 건 분명하지만 이것만으로는 충분치 않다. 환자도 자기 몫의 노력을 해야 한다. 무리한 걸 하라는 게 아니다. 도저히 불가능한 것을 억지로 하라는 뜻도 아니다. 각자의 상태에 맞춰 실천 가능한, 아주 작은 행동을 쌓아나가야 한다.

일상적이고 소소한 활동을 챙기는 것이 무엇보다 중요하다. 일정한 시간에 자고 일정한 시간에 일어나기, 세수하기, 산책 5분하기, 낮에는 누워 있지 않기, 하루 한 줄씩 성경이나 불경 읽기, 집에 있어도 손님이 찾아와도 부끄럽지 않을 정도의 옷차림은 하고 있기, 배고프지 않아도 때가 되면 한 숟가락만

이라도 밥 먹기. 이 정도의 활동이면 된다. 우울증 때문에 아무 것도 못 한다고 해버리면 변화는 더디 찾아온다. 우울증 때문에 더 큰 것을 잃었는데 이 따위 활동을 해봐야 무슨 의미가 있냐고 하찮게 보면 곤란하다. 우울한 사람이 우울하지 않게 바뀌려면 마음이 아니라 행동이 변해야 한다.

아리스토텔레스도 이렇게 말했다. "특정 방식으로 꾸준히 행동함으로써 특정한 자질을 얻을 수 있다. 공정하게 행동함으로써 공정해지고 온화하게 행동함으로써 온화해지며 용감하게 행동함으로써 용감해진다." 작은 행위들이 모여야 나란 사람도 달라진다.

정신과 치료에는 기다림이라는 요소가 필요하다. 정확히 진단하려면 충분한 시간을 두고 관찰해야 한다. 치료 효과를 얻으려 해도 기다림은 필수다. 시간을 몰아대지 않고 되풀이되는 좌절과 단념에도 불구하고 다가올 변화를 열린 마음으로 받아들이겠노라 마음먹는 것. 치유적인 기다림이란 이런 것이다. 사람은 누구나 함께 기다려주는 이가 옆에 있다고 느낄 수 있을 때 '어떻게든 살아보자'고 마음먹게 된다. 정신과 의사의 일이란 고통에 빠진 누군가와 함께 앞으로 일어날 사태를, 비록 그것이 어떨지 정확히 알 수는 없어도 더 나아질 거란 간절한 바람을 가슴에 품은 채 그저 묵묵히 기다리는 것이 전부라 해도 과언이 아니다.

마음에 소중히 품은 것은
어떻게든 하게 된다

의과대학 선배 한 분과 오랜만에 만나 술을 나눴다. 그 선배는 정신과 전문의지만 지금은 200명이 넘는 직원을 둔 병원의 원장이다. 내가 개업을 하기 전에 "병원 경영이란 무엇인가?"라는 질문에 답을 듣고 싶어 저녁을 같이 먹은 이후로 사 년 만에 회포를 풀었다. 서로 알고 지낸 시간이 길고 철부지 의과대학 시절 모습까지 알고 있으니 허물없이 이야기를 주고받는다. 그날의 대화 중 기억에서 사라지지 않는 것 하나가 있다. "정신과 의사가 된 이후에도 우리는 왜 딴짓을 하는가?"라는 물음에 대한 대답이었다.

그도 나도 우리나라에서 가장 큰 대학병원에서 수련을 받고 자격증을 땄지만 그도 나도 학창시절 꿈은 의사가 아니었다. 그 선배는 독일어를 공부하고 싶어 했고 나도 문과생이 되어 글을 다루는 일을 하려고 했다. 하지만 "그거 전공해서 먹고 살 수 있겠느냐?"라는 부모님의 설득과 나쁘지 않은 성적이 지금의 우리를 만들었다며 그도 나도 서로를 바라보며 멋쩍게 웃었다.

그 선배는 정신과 의사지만 더 이상 그 일을 하지 않는다. 병원 경영이 어느 정도 안정기에 접어들었는지 이런저런 다른 관심사가 많았다. 맥주에 각별한 애정이 많았던 그는 시내 모처의 맥주 전문점에 개인적으로 투자를 했다고 한다. 오, 하고 나는 눈을 크게 뜨며 설렘 가득한 그의 표정을 봤다. 경영자라 생각하는 틀이 나와는 완전히 다르구나, 라고 생각했는데 그는 이런 이야기를 했다.

"학창 시절 내내 독일어를 좋아했었어. 독문학을 전공하고 싶었고. 그런데 어쩌다 보니 의사가 됐어. 그런데 말이야, 나이가 오십이 넘고 곧 육십이 되어가는 데도 학창시절 순수하게 좋아했던 독일어에 대한 사랑이 내 안에 여전히 남아 있었나 봐. 음악도 독일 클래식 작곡가의 음악이 좋고 술도 독일 맥주가 좋더라고. 독일어 주변을 내가 자꾸 맴돌고 있는 거야. 그래서인지 지금도 의사 일 말고 어린 시절 꿈과 연결된 것에 자꾸 끌려."

사람의 마음이란 것이 어미 닭의 가슴팍 같아서 소망을 알처럼 품고 살다 보면 언젠가 부화해서 병아리가 되듯 꿈도 언젠가 생명을 얻게 되는 것일 테다. 그러고 보니 나도 그랬다.

나는 이과 출신이다. 의대에 들어가려면 고등학교 때 이과를 선택해야 했다. 의사가 되려고 이과를 선택했던 건 아니다. 아버지도 공대를 나왔고 어머니도 생물학을 전공해서 큰아들인 내가 이과를 가는 게 당연하다고 여기셨는지 고1이 끝날 무렵 문과를 가겠다고 했더니 부모님은 반대를 하셨다. 반항을 모르던 나는 속이 상했지만 (변명 같지만 어쩔 수 없이) 이과를 선택했다. 대학 입시를 치르는 순간까지 수학이 발목을 잡았다. 영어와 국어는 슬쩍 슬쩍해도 성적이 그런대로 나왔지만 수학은 아무리 노력해도 버겁게 느껴졌다. 노력으로 넘을 수 없는 벽이 있는 것 같았다. 수학은 내게 엄지발가락 깊숙이 박힌 가시였다. 걸을 때마다 아팠지만 앞으로 걸어가는 걸 멈출 수는 없었다.

시간이 흘러 정신과 의사가 되고 난 뒤로는 조금 편해졌다. 수학보다는 더 많이 읽고 더 많이 쓸 수 있는 기회가 주어졌기 때문이다. 숫자보다 글자에 친숙한 내 적성이 정신과 의사 노릇에 걸맞았다. 핏이 잘 맞는 옷을 입은 느낌이랄까. 한결 자연스러웠다.

정신과 의사 일을 주업으로 하고 있지만 읽고 쓸 때의 내 마음이 제일 평온하다. 대학에 들어가 처음으로 워드프로세서라는 걸 샀을 때 밤을 새워 자판을 두드리며 즐거워했다. 종이에 글자가 빼곡하게 채워졌을 때의 뿌듯함이 좋았다. 생각은 말이 아니라 활자로 표현되어야 진짜라고 믿어왔다. 지금도 내 글은 괴발개발이지만 그래도 상관없다. 생각을 활자로 풀어내는 일이 제일 재밌다.

솔직히 의사 일은 고달프다. 하루종일 환자들의 고통 어린 이야기를 듣고 나면 '아, 언제까지 이 일을 계속할 수 있을까?'라고 한숨을 쉴 때가 있지만 읽고 쓰는 일은 고되긴 해도 그만두고 싶은 마음은 들지 않는다. 큰 성취를 이루진 못할지라도 그냥 하고 싶고 재밌기 때문이다. 다른 건 몰라도 읽고 쓰는 일은 남은 평생 계속하게 될 것이다.

나의 추천 도서

"선생님, 제 상황에 도움이 될 만한 자기계발서나 심리책을 추천해주세요." 상담 말미에 종종 이런 질문을 받는다. 다른 훌륭한 정신과 선생님들은 권장 도서 목록을 갖고 계시던데 부끄럽지만 나는 그런 준비가 미흡하다. 그러다 보니 이렇게 대답하곤 한다. "노자의 《도덕경》을 저는 좋아해요. 성경이나 불경을 읽으시는 것도 좋아요"라고. 제일 자주 하는 대답은 이거다. "문학 작품을 읽으세요. 심리를 이해하고 자기 마음을 다스리기 위해 꼭 심리서적을 읽을 필요는 없어요. 저는 소설책이 최고의 자기계발서라고 생각해요." 실망하는 눈빛을 보이기도 하지만 수긍하는 이도 있다. 마음의 문제가 자기계발서로 쉬이 해결되지 않는다는 것을 깨달은 분들은 내 말의 속뜻을 이해하는 듯했다. 심리서적을 아무리 읽어도 우울과 불안은 사라지지 않고 그것을 껴안고 살아가는 것이 인생이란 걸 알게 된 이들도 나의 대답에 동의할 거다.

책을 좋아하는 사람은 누구나 인정하겠지만 고전을 읽다 보면 '그래, 인간의 마음은 이렇게 움직이는구나!' 하고 저절로 터득하게 된다. 허구를 통해 진실한 삶이란 이런 거라고 보여 주는 게 소설이다. 지혜와 영감은 시 속에 담겨 있기 마련이다. 문학으로 심리를 익히면 정서적으로도 충만해진다. 딱딱한 이론서나 웅변적인 자기계발서로 감성은 못 채운다.

상담 장면을 그럴듯하게 구성한 서적은 마음 치유의 원리를 제대로 담지 못한다. 서로 다르게 생긴 톱니 두 개가 삐걱거리며 돌아가는 것이 현실의 상담이고 그러다 보니 성공만큼 실패하는 사례도 많다. 그렇다고 실패가 나쁜 것만도 아니다. 만족스럽지 않게 흘러간 상담 안에서도 의도하지 않았던 깨달음을 얻어가는 이도 있다.

실존주의 정신과 의사이자 스탠퍼드대학교 교수였던 어빈 얄롬은 이렇게 말했다. "교과서, 논문, 강의는 상담의 단계, 전략적인 기법, 전이와 그 해결책, 대상 관계의 분석과 통찰로 심리치료를 묘사한다. 그러나 치료의 진정한 핵심은 다른 사람에게 보이지 않을 때 환자에게 불어 넣어진다." 그는 자신이 요리 강습을 받았을 때의 경험을 가지고 비유적으로 설명했다.

양고기 요리에 쓰일 양념을 요리사가 알려준 대로 따라 만들었지만 맛이 제대로 나지 않아 의아했는데 어느 날 우연히 그 이유를 찾았다고 한다. 다른 사람들이 보지 않은 곳에서 요리사가 조미료를 한 움큼 뿌려 넣고 있는 것을 목격한 것이다. 심리치료에서도 이와 같은 일들이 늘 일어난다고 그는 말한다.

마음의 문제를 푸는 선명한 해법이나 단순한 원리는 없다. 마음 치유 효과는 이론이나 기술에서 나오는 게 아니라 '현존, 공감, 돌봄, 그리고 헌신'에서 비롯된다. 이런 요소는 묘사하기도 정의 내리기도 힘들다. 체험으로 스미듯 얻게 되는 통찰을 활자 속에서 건져내기란 쉽지 않다. 실천 없이 글로만 익히는 건 아무런 소용이 없다.

자기계발서가 궁극적으로 지향하는 인간의 모습은 현실에 존재하지 않는다. 그럴 듯해 보여도 이상화된 자아상은 허구다. 저자가 몸소 증명했더라도 저자가 이룩한 성취의 진짜 비결이 책에 온전히 담기기란 불가능하다. 무엇보다 타인이 거쳐 간 길은 그것이 아무리 좋고 옳아 보여도 내 것이 될 수는 없다. 자기계발서를 읽는 것도 좋지만 우리가 인생에서 추구해야 할 최종 목표가 우상을 따라하거나 완벽해지기 위함이 아니라 이 세상에 단 하나뿐인, 고유한 나를 완성시켜나가는 것이란 걸 절대로 잊어선 안 된다.

세상을 지탱하는 중간치

"화를 바로 풀어야 할까요, 아니면 참아야 되나요?"
참으면 화병 나고 쏟아내면 싸움 나니 어떻게 하냐는 거다. 자
녀가 공부 안 하고 게임 할 때마다 "그냥 놔둘 수도 없고 그렇
다고 매번 야단칠 수도 없고. 어떻게 해요?"라는 부모 상황도
비슷하다. 눈치 보며 일하는 소심한 직장인은 이렇게 묻는다.
"듣기 거북한 농담을 던지는 상사에게 그만하라고 말할까요,
조용히 있을까요?" 이상적으로야 당당하게 자기 주장하는 게
맞지만 현실이 어디 그런가.

매 순간 우리는 스스로에게 묻는다. "할까? 말까?" 일관되
게 결심하고 실천하면 좋겠지만 갈팡질팡 흔들리기 마련이다.
시인 민병도가 그의 시 <삶이란>에서 '풀꽃에게 삶을 물었다 /

흔들리는 일이라 했다.'고 썼던 것처럼 말이다.

공황장애에 시달리던 삼십 대 직장여성이 "불안해도 참고 지하철을 타야 할까요?"라고 물었다. 사람들이 밀집한 공간에 있으면 호흡 곤란으로 쓰러질 것 같아 지금껏 회피했다. 집이 회사 근처라 걸어서 출퇴근하면 됐기 때문이다. 일하지 않고 방 안에만 있다가 부모 손에 이끌려 병원에 온 삼십 대 남성은 "하고 싶은 것이 없다. 친구 만나기도 싫다. 지금이 편하고 좋다"고 했다. 말로는 일하고 관계 맺는 게 귀찮다고 했지만 실제론 도피였다. 피하면 당장은 편해도 불안 면역력은 약해진다. 힘들다고 멈추면 멀리 못 간다. 인간은 아프더라도 이쪽저쪽으로 부딪히며 흘러가야 하는 강물이다. '물에게 삶을 물었다 / 흐르는 일이라 했다.'는 시인의 은유처럼 말이다.

올바른 태도는 중용에서 비롯된다. 용기는 공포와 태연 중간 어딘가에 존재하며 방종과 금욕 사이에 절제가 있다. 조급함과 무심함의 가운데에 온화함이 있다. 재치는 지나친 익살과 유머감각 없는 뻣뻣함 사이의 중도다. 자신감은 스스로 자기 가치를 폄훼하는 비굴함과 하찮음에도 불구하고 자신이 대단하다고 떠벌리는 허세 사이의 중간 지대에서 나온다.

인간관계란 가까움과 거리두기, 연결과 차단, 마음 터놓기와 경계 지키기, 이타심과 이기심 사이를 요령껏 헤쳐나가는 일이다. 궁극적 인간관계 기술이란 게 있다면 그건 바로 어느 한쪽으로 치우쳤다 느껴졌을 때 반대쪽으로 자세를 바꿔 균형 잡는 것일 테다. 우리가 사는 세상에도 마찬가지 원리가 적용되지 않을까. "극단이 세상을 값지게 만들긴 하지만 정작 세상을 지탱하는 것은 중간치다"라고 했던 프랑스 시인 폴 발레리의 이야기처럼 말이다.

아름다움이란 질서와 복잡성, 혼란과 질서 사이의 줄다리기다. 낡은 것과 새로운 것, 자연과 인공, 사치와 소박, 남성성과 여성성을 성공적으로 화해시킨 예술품을 보면 우리는 아름답다고 느낀다. 화가 이우환은 이렇게 말했다. "작품이란 필경 현실 그 자체도 아니며 관념의 덩어리도 아니다. 그것은 현실과 관념의 사이에 존재하며 양쪽에서 침투되고 또한 양쪽에 영향을 미치는 매개적인 중간항인 것이다."

자기 자신을 쥐어짜며 노력만 하고 살아도 안 되지만 그렇다고 무작정 느긋하게 지내서도 안 된다. 어느 정도 바빠야 적당한 건지, 힘든 와중에도 자기계발을 얼마나 해야 적절한지는 미리 가늠할 수 없다. '아, 이렇게 하면 번아웃에 빠지고 마는구나'라고 직접 겪어본 다음에야 자신에게 어울리는 중간을 찾게 된다. 중간자로서 인간의 삶에는 고통이 따를 수밖에 없다. 현실성과 가능성 사이에서 갈팡질팡하는 존재가 인간이기 때문이다. 그래서 시인은 '산에게 삶을 물었다 / 견디는 일이라 했다.'라고 노래했던 것일 테다.

인생의 사사분면

　　일이 서툴렀던 레지던트 일 년 차 때였다. 교수님께서 "해야 할 일들을 시급성과 중요도 매트릭스에 따라 네 가지로 분류해봐. 일의 우선순위가 자연스럽게 정해질 거야. 시급하면서 중요한 일이 첫 번째, 중요하지 않아도 기한 내에 처리해야만 하는 것은 그 다음. 이 순서에 맞춰 시간과 에너지를 써야 효율적으로 일할 수 있어"라고 하셨다. 지금이야 쉽게 들을 수 있는 자기 관리법이지만 의대를 갓 졸업한 사회 초년병이던 그때의 내게는 인상 깊은 교훈으로 남았다.

　　진료와 연구로 시간에 여유가 없으셨을 텐데도 그분은 항상 단정하고 차분한 모습으로 근무하셨기에 나도 교수님 같은 스타일의 의사가 되면 좋겠다고 생각하곤 했다. 그래서인지 가르쳐주신 To do 리스트의 우선순위 결정법을 따라 하려고 애를 썼다. 그럼에도 불구하고 그때의 나는 허둥지둥하며 해야 할 일을 놓치곤 했다. 시급성과 중요도에 따라 효율적으로 일을 처리하는 기술은 잘 늘지 않았다. 급하지는 않지만 개인적으로 중요한 것에 시간을 쏟고 났더니 가르침을 따르지 못했던 것이다.

긴급하고 중요한 일처리는 생존에 필수다. 계약된 기한에 맞춘 마감, 정해진 시간에 상사에게 보고서 제출, 기말고사 시험공부 같은 활동이 여기에 해당한다. 제대로 못 하면 삶에서 큰 낭패를 겪게 된다. 그러니 이 영역에 시간과 에너지를 제일 많이 쓸 수밖에 없다. 그리고 남은 기운을 우리는 대체로 시급하지만 중요하지 않은 일에 쓴다. 제 때 안 하면 성가신 결과가 초래되기 때문이다. 기한 내에 공과금 납부하기, 신용카드 결제 대금 제때 갚기, 늦게 하면 고약한 냄새를 풍기는 빨래와 설거지 같은 것들이다.

이 두 가지 영역에 해당하는 일을 처리하느라 녹초가 되어 버리면 더 이상 뭔가를 할 수 없게 된다. 시간 여유가 생겨도 에너지가 없으니 손쉬운 위안만 찾는다. 술을 마시거나 텔레비전을 틀어놓고 넋 놓고 있게 되는 것이다. 일상이 이렇게 흘러가면 '열심히 살았는데 왜 이렇게 공허하지?'라는 의문이 벌칙처럼 따라붙는다.

따지고 보면 인생의 행복은 시급하게 완료할 필요는 없지만 개인적으로는 의미 있는 활동을 할 때 찾아온다. 뭐가 있을까? 시험을 위한 것이 아니라 순수한 호기심에 끌려 하는 공부, 논술을 위한 책읽기가 아니라 공감하기 위한 소설 읽기, 온몸에 전율이 흐르는 음악 감상 같은 것이다. 당연히 운동도 여기에 해당한다. 하루 이틀 안 한다고 탈나지는 않지만 운동은 삶을 지탱하는 힘을 키워준다. 절친과 수다 떨기, 연인에게 편지 쓰기도 그렇다. 빨리 빨리 해결할 필요는 없지만 계속 미뤄두고 하지 않으면 잘 살고 있다는 충족감을 느낄 수 없다.

　생존을 위해 어쩔 수 없이 일하고 마감에 쫓기면 이런 활동들은 우선순위에서 밀려난다. 끝내 하지 못한 채 시간만 흘러간다. 나중에서야 '아, 내가 이러려고 열심히 살았나!' 하며 후회에 빠지고 만다.

　예전에 그 교수님께서 말씀하신 시급성과 중요도에 따라 우선순위를 정하고 그것에 맞춰 일 했더라면 지금보다 세속적으로는 더 크게 성공했을지도 모르겠다. 그런데 그렇게 사는 것만이 진정으로 잘 사는 것일까? 나는 잘 모르겠다.

　짜릿한 성취도 좋지만 안온한 충족감을 더 많이 느끼고 싶다면 시급하지도 중요하지도 않지만 내면이 충만해지는 활동에 기운을 더 많이 써야 하지 않을까.

처방의 불가능성

　　나치 치하의 프랑스에서 영국으로 건너가 자유프랑스군에 참여해 싸워야 할지 오로지 아들에게만 의지하고 살아가는 어머니를 위해 집에 머물러있는 게 옳은지 고민했던 프랑스의 한 청년이 사르트르에게 어떻게 하면 좋을지 물었다. 고민하고 또 고민했지만 스스로는 결론 내리지 못 했던 것이다. 전쟁을 옹호하지는 않지만 어쨌든 나라를 위해 싸워야 할 것 같다. 하지만 그러다 자신이 죽을 수도 있다. 그렇다면 고향에서 혼자 늙어가는 어머니는 어떻게 될까? 고국을 위해 몸 바치는 것도 중요하지만 연로한 어머니를 모시는 것도 그에 못지않게 가치 있는 일이 아닌가?

　　사르트르는 대답했다. "당신은 자유요, 선택하시오." <실존

주의는 휴머니즘이다>에서 그는 이 사례를 두고 '처방의 불가능성'이라고 명명했다. 이처럼 비교 불가능한 가치 사이에서 선택을 중재할 수 있는 윤리적 원칙은 존재하지 않는다고 사르트르는 말한다.

선택한 후에 어떤 일이 벌어지고 자신이 어떤 감정을 느낄지 예측할 수 없다. 행동해보는 것 외에는 어떤 선택이 옳은지 미리 알아낼 방도가 없다. 멘토나 권위자 혹은 전문가에게 묻는 것은 결과가 두렵고 후회하게 될까 봐 회피하려는 시도에 불과하다. 결행하지 않은 채 혼자서 이리 저리 머리만 굴리고 있는 것도 부질없긴 매한가지다.

"삶의 의미란 무엇인가? 진정으로 인생에서 추구해야 할 가치란 무엇인가?"라는 고민에만 휩싸여 활동하기를 주저하는 것도 유사한 사례다. 이런 질문을 던지지 않고 사는 것도 문제지만 질문에만 매달리는 것도 문제다. 성찰하지 않는 것도 삶이 무의미해지는 이유지만, 너무 많이 생각한 탓에 신경증에 시달리기도 한다. 뭔가 대단한 것을 사유만으로 찾아보겠다고 행동 없이 자기 마음속으로만 파고는 드는 것 자체가 무력감에 빠지는 원인이기 때문이다.

20대 후반의 청년이 "모든 게 무의미하게 느껴져서 아무 것도 하기 싫다"고 했다. 그러면서 "내 진단이 뭐냐, 그 진단의 원인이 뭐냐, 어린 시절 마음의 상처 때문 아니냐, 뇌에서 세로토

닌이 안 나와서 그런 거냐, 치료는 어떻게 해줄 거냐"며 뜨겁게 달궈진 속사포처럼 질문을 쏟아냈다. "공부도 일도 아니 밤에 자고 낮에 일어나서 햇빛 보기도 싫다는 게 단지 마음의 병 때문이라고만 봐야 하는지 나는 잘 모르겠다"고 답했다. 실망한 눈빛으로 "그러면 어떻게 해야 하냐"고 다시 물었다.

"우선 밤새도록 침대에 누워 스마트폰 하는 것을 멈추고 제때 자고 해 뜨면 일어나서 밥 챙겨 먹고 잠깐이라도 밖에 나가 걸어라"고 했더니 그는 눈살을 찌푸리며 질문하기를 멈췄다.

사실 삶은 무의미하다. 아니 무의미하지 않다는 걸 완벽하게 증명해낼 방도가 없다. 그렇다고 해서 삶이 완전히 무의미하다고 말할 수도 없다. 어느 정도 의미가 있긴 하지만 상당 부분은 무의미하다. 무엇보다 어느 누구에게나 적용할 수 있는, 삶을 의미 있게 만드는 보편적 방법이 따로 있는 건 아니다. 프로이트가 "모든 사람에게 타당한 황금률은 없다. 모든 이는 각자 어떤 특수한 방식으로 구원받을 수 있는지를 스스로 알아내야 한다"라고 말했던 것처럼 말이다.

의미 있게 행동하면 그렇게 되고 무의미하게 행동하면 무의미해지는 게 삶이다. 우리가 제대로 살고 있는지 그래서 잘 살았다고 스스로 만 족할 수 있을지는 각자 나름의 방식으로 행동하고 겪어보고 직접 깨닫는 수밖에 없다.

잘 질문하는 직업

대국을 마친 기사 마냥 하루 일과를 끝낸 저녁, 책상에 앉아 그날 했던 말들을 바둑돌처럼 복기해본다. 좋은 질문을 하고 환자의 이야기를 많이 들었던 날은 만족스럽다. 장황하게 설명을 늘어놓고 교육하듯 가르쳤던 장면이 자주 떠오르면 그날 저녁의 나는 어김없이 지치고 예민해져 있다.

나는 내 직업을 '질문하는 사람'이라고 정의한다. 물론 이것만으로 정신과 의사가 하는 일 전체를 규정할 수는 없다. 질문하는 것 이상으로 질환을 설명하고 환자가 건강한 행동을 하도록 설득하고 그들의 마음 습관을 변화시키기 위해 내 생각을 설파한다. 그럼에도 불구하고 이 모든 것보다 우선하고 중요한 과업은 질문하는 일이다.

"상담을 하려고 찾아왔어요"라고 말했지만 막상 내가 질문을 해도 자기 느낌이나 생각을 드러내지 못하는 내담자가 있다. 그러면 어쩔 수 없이 "무슨 일을 하느냐? 전공이 무엇이냐? 지금 누구와 함께 살고 있느냐?"같은 폐쇄형 질문을 하게 된다. 필수적인 질문인데도 이런 유형의 물음은 듣는 이로 하여금 평가 받는 것처럼 느끼게 만든다. 부모의 직업, 거주지, 학교 성적, 심지어 운동 습관에 대해 묻는 것도 '내가 당신보다 우월한 위치에 있다'는 인식을 형성할 수 있다. 그런 의도를 품지 않았더라도 질문하는 행위 자체가 묻고 답하는 사람 사이에 위계 관계를 만드는 것이다. 질문하는 일은 그래서 언제나 어렵고 조심스럽다.

 소크라테스처럼 질문해보는 건 어떨까? 묻고 또 물어서 타인의 생각에 대한 근거와 타당성을 따져보고 그의 마음 안에 존재하는 모순을 발견하고 결국에는 상대가 지닌 왜곡된 신념을 교정할 수 있도록 만드는 것이다. 그런데 실제로 해보면 이런 방식으로 사람을 변화시키기 어렵다는 걸 알게 된다. 인간은 논리적 반박보다 자신의 신념이 존중 받는다고 느낄 때라야 방어를 내려놓는 아이러니한 존재이기 때문이다.

 좌절을 겪은 이에게 "힘내라"는 응원도 필요하지만 질문을 통해 스스로 길을 찾도록 도와줄 수 있다면 더 좋다. "그 정도로 심각하게 느낀다면 앞으로 어떻게 헤쳐 나갈지에 대해서도 나름대로 이미 생각을 많이 해봤을 것 같아요"라고 넌지시 묻는 것처럼 말이다. 과거 경험을 회상해보라고 하면서 "무엇이 그 힘든 상황을 견디게 해주었나요?"라는 물음은 이미 자신이 갖고 있는 심리적 자원을 다시 떠올려보게 해준다.

질문을 통해 이끌어내고 싶은 핵심은 상대가 가슴 깊숙한 곳에 품어둔 인생의 가치다. "더 이상 누군가를 기쁘게 할 필요가 없다면 어떻게 살고 싶나요?"라는 질문은 인정 욕구를 벗어던지고 자신이 진심으로 원하는 것을 생각해보라는 자극제다. 인간관계에 대해서도 핵심 가치와 연결지어 질문하면 더 좋다. "가장 소중한 사람이 누구냐?"라고 평면적으로 묻기보다는 "목표에 도달하지 못하고 실망했을 때 당신의 마음속에 누가 가장 먼저 떠오르나요?"라고 하는 것이다.

질문에 대한 이야기를 쭉 적다보니 문득 이런 생각이 떠올랐다. 어쩌면 이 세상에 존재하는 모든 질문들은 "한 번 사는 인생, 어떻게 해야 최선의 삶을 살 수 있을까?"라는 궁극적인 물음의 변주에 불과한 것이 아닐까. 비록 해답을 찾지 못하더라도 끊임없이 묻고 대답하는 과정 그 자체가 우리네 인생이 아닐까.

원포인트 레슨 같은 상담

한동안 골프를 안 쳤다. 종합병원에서 근무할 때는 종종 쳤지만 개업한 후 오 년 넘게 골프채는 베란다 창고에 처박혀 있었다. 거리두기가 일 년이 넘어가고 골프 붐이 일자 예전의 그 느낌이 그리워졌다. 골프백을 꺼내 십 년 전에 산 드라이버를 오랜만에 잡았더니 골프공을 때리던 과거의 손맛이 뇌리에서 되살아났다.

석 달 전부터 다시 골프를 시작했다. 짬이 날 때마다 연습장에서 아이언을 휘두르며 연습했지만 쉬이 늘지 않았다. 유튜브에서 레슨도 찾아보고 내 스윙을 녹화해서 스스로 분석도 해봤지만 구질이 개선되지 않았다. 혼자 들이는 시간과 노력에 비해 실력은 향상 되지 않아 답답하기만 했다. 이래선 안 되겠다 싶어 며칠 전, 원포인트 레슨을 받았다. 어깨 턴이 잘 안 되고 왼쪽 무릎이 흔들린다는 코치의 지적을 받고 교정했더니 비거리가 늘었다. '아, 이렇게 쉽게 고칠 수 있는 걸 혼자서 끙끙거렸다니!' 진즉에 레슨을 받았더라면 금방 나아졌을 텐데, 하는 아쉬움이 들었다.

정신과 상담을 하다 보면 내담자들도 내게 원포인트 레슨 같은 걸 원하는 게 아닐까, 라고 느낄 때가 자주 있다. 사이다처럼 시원한 해결책을 한 번의 상담에서 얻길 바라는 것이다.

내가 정신과 수련을 받을 때 지도교수님께서는 심혼을 다루는 정신치료를 단기간에 종결되는 코칭이나 카운슬링처럼 여겨서는 안 된다고 강조하셨다. 꿈을 분석하고 과거의 기억과 연상을 풀어내고 그림자와 콤플렉스를 의식화하며 자기실현을 목표로 하는 정신치료는 수개월에서 수년이 필요한 지난한 작업이다. 프로이트식의 정신분석은 환자를 자주 만나 상담해야 효과적이다. 카를 융의 저서에 기술된 바에 따르면 그는 일주일에 최대 세 번에서 네 번 정도 환자를 봐야 만족할만한 효과가 나온다고 했다. 적어도 일주일에 한 두 번의 상담 회기를 가져야 한다고도 적혀 있었다.

하지만 요즘의 임상 현장에서는 자주 상담하고 오랜 기간 동안 반복되는 전통적인 정신분석을 받기 위해 찾아오는 이보다 삶에 닥친 위기에서 벗어나기 위해 단기간 정신과를 찾는 경우가 훨씬 더 많다. 누구나 겪을 수 있는 우울과 누구에게나 찾아오는 인생의 변곡점을 슬기롭게 뚫고 나가기 위한 조력자를 구하려고 의사를 찾는 사례도 점점 늘고 있다.

통계마다 조금씩 다르지만 정신과 외래를 처음 방문한 환자의 20~50%는 이후에 다시 오지 않는다고 알려져 있다. 지역사회에서 제공하는 정신건강 서비스는 일 회의 상담으로 끝나는 경우가 많다. 건전한 상식이나 충고를 바라는 환자에게는 단 한 번의 상담만으로도 충분한 도움이 될 수 있다.

그럼에도 불구하고 치료자로서 내 자신은 고전적인 정신치료라는 원형에 묶여 짧은 시간에 실질적인 변화를 이끌어내려는 노력을 지금까지 소홀히 했던 건 아니었을까, 하고 지나온 경험들을 되돌아보게 된다.

내담자의 이야기를 한참 동안 듣기만 하고 실용적인 해답도 없이 알쏭달쏭한 정신분석적 관념만 늘어놓는 상담이라면 그건 지적 게임을 하는 것에 불과하지 않을까? 곤경에 처한 인간에게 사태 해결을 위한 도움도 주지 못하는 사상과 지식이라면 그것이 아무리 황금 같은 것이라 해도 배고픈 이의 허기는 못 채워주는 한낱 장식품에 불과한 건 아닐까.

이별을 목표로 하는 일

　　독립심은 의존성을 꺾고 억제할 때가 아니라 충분
히 채워줘야 생긴다. 안정 애착은 세상을 독립적으로 탐색하
기 위한 도약판이다. 상처 입었을 때 안식처가 있다는 믿음이
자율성을 북돋운다. 자녀는 부모와 건강하게 이어져 있어야
자립할 수 있다. 애착 이론의 창시자 존 볼비는 "과도한 의존
이나 진정한 독립 같은 것은 없다. 효율적이거나 비효율적인
의존만 있을 뿐이다"라고 말했다. 부모가 사랑으로 키워주는
일과 위험으로부터 보호하는 일 사이에서 적절히 균형을 맞췄
을 때라야 자립의 토대가 되는 창조적 탐험 능력이 자녀에게
서 발달한다.

　　정신과 의사와 환자의 관계도 유사하다. 환자가 의사에게

처음에는 안정적으로 의존해야 심리적 힘이 자라난다. 베틀의 북이 움직일 때마다 천의 길이가 늘어나는 것처럼 상담이 거듭될수록 안정감이 조금씩 커진다. 그렇게 시간이 흘러 "환자가 충분한 길이의 천을 짠 후에는 그것을 한 쌍의 날개처럼 활짝 펼쳐서 독립을 향해 떠난다. 마침내 자유롭게 된 그는 바람을 타고 다른 세상으로 날아간다"라고 《사랑을 위한 과학》에서 말했듯이.

내가 하는 일의 목표는 그래서, 이별이다.

삼십 대 초반의 청년에게 물었다. "지금처럼 계속 살다가 마흔이 되면 어떤 느낌일지 한 번 상상해보세요." 그는 대학을 졸업하고 잠시 취직해서 일도 했고 학창 시절에는 일 년 정도 유학도 했다. 지금은 결혼하지 않고 부모와 함께 살고 있다. 직장생활도 하지 않고 있다. 일하려는 적극적인 의지도 없다. 그의 대답은 "뭐 그리 나쁠 것 같지는 않은데요"였다. 자신을 숨 막히게 만드는 세계를 못 본 척하고 아예 없는 것처럼 비뚤어지게 받아들이고 있었다. 물론 그의 말이 100% 진심이 아니라는 건 잘 안다. 그래도 독립에 대한 절박함이 그에게는 없어 보였다.

그 청년의 어머니는 강한 사람이었다. 가족을 부양하는 데도 적극적이었고 돈도 잘 벌었다. 자기주장도 셌다. 청년이 뭔가를 시도할 때마다 "그건 안 돼"라고 부정한 뒤에 당신이 옳다는 것을 아들에게 밀어붙였다. 그게 부모의 당연한 역할이라고 했다. 청년은 점점 소심해졌고 병원에 올 즈음에는 "아무 것도 하기 싫다"며 무력해져 있었다.

"이것도 하지 마라, 저것도 하지 마라"고 말하는 부모의 심정을 모르는 바 아니다. 혹시나 잘못되면 어쩌나, 나쁜 일이 생기면 어쩌나 걱정하는 게 자연스러운 부모 마음일 테다. 아직 미숙하고 세상 사는 요령도 부족하고 험난한 세계를 견뎌낼 힘도 충분치 않아 보이니까 이래라 저래라 잔소리를 하게 된다. 애정 반, 불안 반이다. 그래도 스스로 돌봐야 할 때가 된 자녀라면 과감히 놓아주는 것이 사랑의 또 다른 형태일 것이다. 제때 이별하지 않으면 관계도 불행에 빠지고 만다.

수영하는 법을 완전히 익힌 다음에 다이빙을 하는 게 아니라 약간 부족하더라도 물에 뛰어든 다음에라야 헤엄치는 기술을 제대로 터득할 수 있다. 세상사는 기술은 이렇게 익힐 수 있다. 정신적으로 부모에게 종속된 자녀는 자기 힘으로 성취해도 그것을 진정으로 내가 이뤄낸 것은 아니라고 느낀다. 불안해도 성장하려면 헤어져야 한다. 그래야 제대로 자기 삶을 산다. 이승우의 소설 《캉탕》에 나오는 말처럼.

"몸을 날림으로써 무언가를 던져버리는 거야. 던지는 나와 던져지는 나는 공중에서 이별을 하지. 최고로 황홀한 순간이야. 쾌감이 하늘까지 치솟아 오르지. 던져져 물속에 빠진 나는 죽고, 던진 나는 물속에서 다른 내가 되어 올라오는 거야."

심리치료의 목표

심리치료의 목표는 뭘까? 우울과 불안이 없어지는 것? 스트레스 해소? 더 행복해지는 것? 나는 상상력과 용기가 커지는 것이라 믿고 있다. 자신에 대한 이해, 타인과의 공감, 갈등 해소, 고난을 극복하고 자아를 실현하는 것… 이 모든 것에는 상상력과 용기라는 두 가지 심성이 반드시 필요하다.

좋은 생각도 상상력의 산물이다. 고된 현실을 뛰어넘고 낙관적 미래를 그려낼 수 있는 건 상상력 덕분이니까. 현실은 못 바꿔도 강렬한 상상은 자기를 변화시킨다. 머릿속에 생생하게 떠올린 자아 이상이 우리를 목표에 한 발 더 다가가게 만들어준다. 그래서 나는 신이 소원을 말해보라고 하면 어린아이 마냥 "상상력이 더 커질 수 있게 해주세요"라고 할 것이다.

2004년, 나는 군의관으로 근무하다 나라의 부름을 받고 이라크 전쟁터로 파병되었다. 그때 방문했던 미군 부대에서 한 병사의 전투모 덮개 위에 적힌 "Don't be afraid of those who want to kill you. They can only kill your body: they can not touch your soul. Fear only God, who can destroy both soul and body in hell."이라는 문장을 발견했다. 이 글귀가 "몸은 죽여도 영혼은 능히 죽이지 못하는 자들을 두려워하지 말고 오직 몸과 영혼을 능히 지옥에 멸하실 수 있는 이를 두려워하라"라는 <마태복음>으로 읽혀지지 않았다. 신을 두려워하고 그를 섬기라는 말씀으로 느껴지지도 않았다. 이 글은, 총알이 날아다니는 전쟁터에서도 용기 잃지 않기를 바라는 한 병사의 자신을 향한 간절한 다독임이었다. 전투모 위에 이 글을 적은 군인은 공포를 누그러뜨리기 위해 이 구절을 읽고 또 읽었을 것이다.

우리가 진정 두려워해야 할 것은 육신이 아니라 영혼의 상처다. 현실의 그 누구도, 그 어떤 것도 우리 영혼을 파괴할 수 없으니 이 세상에는 우리가 두려워해야 할 것이 없다. 오직 신만이 그렇게 할 수 있으니까. 이 전투모를 사진으로 찍어 두었는데 거의 20년이 지나 다시 꺼내보니 지금의 나에게도 가르침을 준다. 전쟁 같은 현실을 살더라도 두려움에 떨지 말라고, 고난이 닥쳐도 절대 나의 영혼까지 파괴되는 일은 없을 거라고 어깨를 두드려주는 듯했다. 용기courage라는 말은 프랑스어의 심장을 뜻하는 coeur와 어근이 같다. 우리가 살아 있는 한 용기는 심장과 함께 박동 치며 결코 사라지지 않을 것이다.

마음이 성장한다는 건 상상력과 용기가 커진다는 뜻이다. 굳이 상담을 받지 않더라도 책 읽으며 상상력을 키우면 그것이 심리치료다. 약을 먹지 않더라도 용기를 키울 수 있는 그 무엇이라도 행하면 그것이 바로 치유다.

2

복잡한 일은 뒤로 하고
행복해지는 법

기쁨을 찾아서

　　"눈을 감고 당신의 하루를 영화처럼 감상해보세요." 종종 환자들에게 이렇게 묻는다. 무의식 보다 한 사람 한 사람의 일상이 더 궁금하다. 값비싼 심리검사나 MRI 촬영보다 "아침에 일어나서 잠 잘 때까지의 모습을 당신이 주인공인 영화를 보는 것처럼 이야기해주세요"라고 물었을 때 돌아오는 정보가 더 귀중하다.

　　"요즘은 기쁨이 하나도 느껴지지 않아요"라고 말하는 오십대 주부가 들려준 일상은 이랬다. "일어나서 세수하고 식구들밥 챙겨주고 설거지하고 집 정리하고 나면 침대에 다시 누워요. 그러다 점심 때 일어나서 온라인 수업하는 둘째 아이 밥 챙겨주고 나서 다시 침대에 누워서 라디오를 틀어놔요. 늦은 오

후에 장 보러 잠깐 나갔다가 저녁 차려서 먹고 잠시 남편이랑 텔레비전 같이 보다가 다시 침대로 돌아가서 누워요." 이런 이야기를 듣고 있으면 나도 모르게 '아, 이 사람 참 우울하겠다'라는 느낌이 든다. "당신의 삶을 영화처럼 보면 어떤 느낌이 드세요"라고 물으니 그녀의 대답도 나의 감상과 다르지 않았다.

사람들은 기분 좋은 감정이 저절로 생길 거라 기대하지만 그렇지 않다. 흥미, 기쁨, 낙관, 사랑 같은 긍정적 정서는 의도적으로 만들어낼 수 없다. "좋아, 지금부터 기분 좋아질 거야!"라고 결심한다고 그렇게 되지 않는다는 말이다. 그보다는 일상의 자극들이 정서를 구축한다. 돈을 벌고 사탕을 먹고 기획서가 통과되고 옛 추억이 떠오르는 사진을 보고 "사랑해"라는 연인의 말을 들어야 '아, 기분 좋다'라고 느낄 수 있다.

하지만 애석하게도 이렇게 만들어진 긍정적 정서는 20분 정도 유지되다 사라져버린다. 자신이 행복하다고 여기는 사람들은 좋은 기분을 20분 이상 지속될 수 있게 행동한다. 좋은 느낌을 전해주는 사람을 더 자주 보고 기쁜 일을 더 자주함으로써 긍정적 정서가 오래 지속되도록 만든다. 하지만 우울한 이들은 자신이 무엇에 기쁨을 느끼는지 잘 모른다. 막연히 아는 것도 실천을 안 한다. 기쁨이 찾아와도 마음껏 누리기보다는 그것을 억누른다.

인생에서 풀어야 할 숙제 중 하나는 '자신이 진정으로 좋아하는 것을 찾아내는 일'이다. 이걸 알아내려고 우리는 새롭고 낯선 체험에 몸을 던져 넣는 것이리라. 그냥 생각만 하고 있어서는 알 수 없다. 마찰을 일으켜야 불꽃이 피어오르는 성냥처럼 몸소 체험할 때 비로소 '아, 내가 좋아하는 게 바로 이거구나!' 하고 깨닫는다.

"나는 무엇에 기쁨을 느끼는가?"라고 스스로에게 물어보고 그것을 쭉 적어보자. 다른 사람들이 원하는 것을 내가 원하는 것으로 착각하면서 살았다면 적을 게 별로 없을 것이다. 좋아하는 것이 적을수록 자아의 힘도 약해진다. 나라는 사람에 대한 감각도 흐려진다. 확신에 찬 선택도 못 하고 어떻게 살아야 할지 갈피를 못 잡고 헤맨다.

나라는 사람은 내가 좋아하는 것으로 규정된다. 정체성은 내가 좋아하는 것들이 모여 특정한 방향성을 가질 때 형성된다. 내가 무엇을 좋아하는지 알고 그것을 반복해서 실천할 때 자존감도 높아진다. 자아는 이렇게 완성된다.

비관주의의 매력

     비관주의와 낙관주의 사이에서 지금은 간신히 균형을 맞출 정도가 되었지만 젊을 때의 나는 비관주의자 쪽에 더 가까웠다. 미래에 대해 부정적인 전망을 내놓으면 왠지 모르게 남들보다 내가 더 똑똑한 것처럼 느껴졌다. 말끝마다 "다 잘 될 거다, 희망을 갖자"라고 하면 깊은 성찰 없이 순진하게 세상을 바라보는 사람처럼 여겨져서 싫었다. 존 스튜어트 밀이 "남들이 절망할 때 희망을 갖는 인물이 아니라 남들이 희망에 찰 때 절망하는 인물이 많은 사람들로부터 현자로 추앙받는다"라고 했던 것처럼 말이다.

    비관주의가 무조건 나쁜 것은 아니다. 부정적이기 때문에 불행해진다고 믿지만 사실 우리가 우울에 빠지는 건 희망을 갖기 때문이다. 좌절하고 분노에 휩싸이는 원인도 다름 아닌 긍정적 기대 때문이다. 자신을 못마땅하게 여기는 이유도 따지고 보면 자아 이상과 현실적인 자기 모습 사이의 괴리에서 비롯된다. 비관적 태도를 가지면 실망스러운 일이 생기더라도 마음만은 덜 아플 수 있다.

무엇보다 비관주의의 진정한 매력은 기쁨을 배가시켜주는 데 있다. 생전에 루게릭병으로 전신마비에 시달렸던 스티븐 호킹 박사에게 한 기자가 물었다. "늘 이렇게 명랑하십니까?" 그는 말했다. "스물한 살 때 기대치가 0이 되었습니다. 이후로는 모든 게 보너스였지요." 낙천주의에 경도되면 최상의 시나리오가 실현돼도 감흥이 적다.

부정적 태도를 잘 견지하면 성과를 이끌어내는 데 도움이 된다. 한 심리 연구에서 피험자들을 두 명씩 짝지어 네 그룹으로 나누고 협상 과제를 주었다. 첫 번째 그룹에게는 협상 주제의 긍정적 측면과 부정적인 것을 비교하도록 지시했다. 두 번째 그룹에게는 긍정적인 측면만 고려하라고 했고 세 번째 그룹은 부정적인 측면에 초점을 맞추라고 했다. 마지막 피험자 그룹에 속한 이들에게는 아무런 지시 없이 과제를 수행하도록 했다. 협상 성과를 비교했더니 첫 번째 그룹이 나머지 세 그룹에 비해 협조도 잘 이루어지고 서로 윈-윈하는 결과도 잘 이끌어냈다. 무조건 긍정적으로 생각하기보다는 부정적인 측면을 함께 고려하는 것을 두고 멘탈 콘트라스팅이라고 한다.

새로운 제안이나 시도에 대해서 나쁜 점을 꼬집어내는 건 누구나 갖고 있는 본성이다. 인간은 위험을 대비하기에 적합한 방식으로 진화해왔다. 본능이 이끄는 대로 놔두면 부정적인 것이 눈에 더 잘 띄게 마련이다. 따지고 보면 비관주의자는 이상주의자이기도 하다. 완전무결성에 대한 열망이 큰 사람일수록 부정적인 요소를 잘 골라내고 그것을 개선하려는 의지도 크다.

비관주의자라면 주의해야 할 점이 있다. 장애물에만 너무 집착하면 새로운 일을 시작하기 어렵다. 미뤄두는 습관을 가진 이들 중에는 비관주의의 함정에 빠져 있는 경우가 종종 있다. 문제가 생길 것에만 집중하니 시작할 맛이 안 생기는 것이다. '어차피 안 될 텐데 시작해서 뭐해'라는 생각에 빠져 동기를 잃는다. 이런 태도가 자기충족적 예언으로 작용해서 실제로 일을 망치기도 한다. 말이 씨가 된다는 속담이 딱 이런 상황에 해당한다.

활용할 수 있는 팁 하나. 아이디어를 실행으로 옮길 때 문제점이 너무 많다고 느껴져서 시작할 엄두가 안 나면 그중에서 가장 중요한 것 50%정도만 해결한 뒤에 일단 추진해본다. 모든 문제를 한꺼번에 다 해결해야만 시작할 수 있다고 여기면 아무것도 못 한다. 미리 정해둔 양만큼의 문제에만 집중하고 나머지는 일이 어느 정도 진행 후에 다시 고민하겠다고 남겨 둔다. 일단 시작하고 나면 자연히 해결되는 문제도 있고 처음에는 장애물로 여겼던 것이 막상 실행하고 나면 그렇지 않다는 것을 나중에야 깨닫게 될 것이다.

갈등을 해결하는 법

　　당신에게는 마법의 구슬이 있다. 이걸 손바닥으로 살살 문질러주면 칼 같은 말을 휘두르며 다퉜던 사람과 언제 그랬냐는 듯이 서로를 좋아하게 된다. 이제 마음속으로 당신을 교묘하게 괴롭히는 직장 상사를 떠올려보자. 직장 동료나 친구라도 상관없다. 격렬하게 싸웠고 서로 상처를 줄 대로 준 사람을 떠올려보라. 당신은 그와 계속 같이 어울리기 위해 마법의 구슬을 쓸 의향이 있는가?

　갈등하고 반목하며 원망하고 미워했던 사람이 내게도 있었다. 그를 떠올리면서 이런 상상을 했더니 마법의 구슬을 문지르기는커녕 집어 던져버리고 싶어졌다. 한 번 겪어 봤기 때문에 화해해도 또다시 싸우게 될 게 뻔했기 때문이다. 인간관계에서 빚어진 마음의 앙금은 쉬이 아물지 않았다.

말머리가 부족하고 사회성이 떨어져서 고질적인 갈등에 시달리는 게 아니다. 대인관계를 매끄럽게 풀어가는 요령이 서툴러서도 아니다. 그저 화해하고자 하는 욕망 자체가 없기 때문이다. 겉으로는 "신뢰를 회복하고 하나가 되겠다"고 웅변해도 진심은 그 사람과 원만하게 지내고 싶은 마음 자체가 없기 때문에 갈등이 풀리지 않는 것이다.

해결 안 되는 갈등에 묶여 있는 이들은 서로가 서로에 대해 자신의 주장이 상대보다 더 정당하다는 확신을 품고 있기 마련이다. 치열하게 다퉈서라도 자신이 옳다는 걸 증명하려고 한다. 상대를 향한 적대감이 클수록 '내가 그 사람보다 도덕적으로 우월해'라는 믿음도 견고해진다. 그 사람을 인간적으로 경멸함으로써 짜릿함을 느끼기도 한다. 저 사람은 나쁘다는 믿음에 휩싸여 자기감정을 거리낌 없이 분출할 수 있으니 후련함까지 맛본다. 이런 상태에서 갈등을 해결하려는 순수한 동기가 생길 리 없다.

말조심을 시키고 의사소통 기술을 가르쳐주어도 이런 상태의 갈등은 풀리지 않는다. 본질적 갈등이라 그렇다. 기본적인 신뢰가 무너진 상태에서 일어난 다툼을 두고 본질적 갈등이라고 한다. 이럴 땐 사소한 갈등은 못 본 체하고 지나가는 것도 필요하다. 적당히 회피하는 것도 관계를 더 망가뜨리지 않기 위한 방법 중 하나다. 설익은 해결책으로 섣부르게 풀려고 덤벼들면 오해가 더 쌓인다. 이런 상황에 처했다면 갈등의 완전한 해소를 목표 삼으면 안 된다.

자신 취하고 있는 태도를 점검해보는 게 낫다. 논쟁이 과열되었을 때 어떻게 냉정과 평정을 되찾을지 초점 맞추는 게 좋다. 화가 난다고 곧바로 되받아쳐서 긴장을 키울 게 아니라 '내가 모르는 저 사람만의 속사정이 있을 거야.' 하고 호기심을 가져보자. 한 사람을 둘러싼 삶의 맥락과 그의 과거사를 최대한 이해해보려고 노력하는 거다. 인간 심리의 이면을 보게 되면 연민이 저절로 생긴다. 관계 개선까지는 아니어도 그의 행동을 납득할 수는 있게 된다. 아무리 애써도 미움이 안 풀리는 대상이 있다면 속으로 '안타깝네요. 당신을 누가 그토록 덕이 부족한 사람으로 만들었나요'라고 읊조리며 손이라도 꼭 잡아주는 상상을 해보자. 비록 실제로는 그렇게 못 하더라도 말이다.

고질적인 갈등을 완전히 풀어보겠다고 섣불리 욕심내지 말고 노력하려는 순수한 마음을 회복하는 게 먼저다. 갈등에서 한시도 벗어나지 못하고 사는 우리가 도달할 수 있는 최선도 어쩌면 딱 거기까지 일지도 모른다.

좋은 대화를 위해 필요한 것

"까톡!" 하는 소리가 들리자 대화를 나누던 상대는 탁자 위에 놓인 스마트폰을 집어 들었다. "아, 죄송합니다"라고 말해놓고도 그 사람은 메시지창에서 눈을 떼지 못했다. 당사자는 그렇지 않다고 해도 이런 행동은 '나의 관심은 이미 다른 곳에 가 있어요'라는 신호다. 사회학자 어빙 고프먼은 이런 상황을 두고 '어웨이'라고 했다. 두 손으로 꼭 움켜쥐지 않으면 손가락 틈새로 빠져나가는 모래 마냥 쉽게 흩어지고 마는 게 대화다.

대화는 어렵다. 상대의 마음을 읽어가며 '나는 무슨 말을 해야 할까?'를 순간순간 판단해야 하는 일이니 꼬부랑 고갯길을 자동차로 운전하는 것과 비슷하다. 내 갈 길을 찾겠다고 내비

게이션만 뚫어지게 보면 바깥길을 놓치고 낭떠러지로 떨어진다. 자기 목적에만 주의를 기울이고 눈앞의 대상을 살피지 않으면 대화도 사고로 끝난다.

타인의 생각과 감정을 자신의 마음속에서 상상으로 구현하는 능력을 일컬어 마음 이론이라고 한다. 인간이 서로가 서로에게 공감하고 교류할 수 있는 것도 이 능력 덕택이다. 그런데 마음 이론 탓에 다른 사람이 말을 하기도 전에 우리는 자동적으로 그의 말을 예측하려고 든다. 마음을 들어보기도 전에 상대의 진의를 파악했다고 확신하기도 한다. 이런 함정에 빠져 있으면 대화는 모놀로그가 되고 만다.

대화가 왜 중요할까? 근원적인 이유는, 의사소통이 어떤 목적을 달성하지 않더라도 그 자체가 우리 삶에 기쁨을 가져다주기 때문이다. 단 솔직한 대화라야 그렇다. 내면에 숨겨진 진짜 감정을 상대가 정확히 알아차려 주면 대뇌변연계가 활성화되고 쾌감을 느끼게 된다. 속마음을 털어놨더니 상대가 고개를 끄덕이며 "그렇게 느끼는 게 당연해"라고 수용해주면 우리는 그것을 자신의 생각과 감정에 대한 사회적 승인으로 인식한다. '혼자가 아니라 함께 느끼고 있구나'라며 안도감을 얻게 된다. 대화로 기쁨을 느끼기 위해서는 어떤 결론에 도달하려고 애쓰기 보다는 타인과 나의 경험 세계가 섞여 가는 과정 그 자체를 섬세하게 다뤄야 한다.

미국 애리조나대학교 연구팀은 대학생 79명의 말을 휴대용 녹음장치로 4일 동안 수집했다. 피험자 한 사람당 300번씩 약 2만 3,000회의 대화 정보를 행복 지수와 함께 분석했다. 연구 결과, 행복도가 높은 사람은 하루 동안 타인과 대화하는 데 사용한 시간의 비중이 행복지수가 낮은 이들보다 더 컸다(39.7% 대 23.2%). 내용과 깊이도 달랐다. 행복하다고 느끼는 사람은 진솔하고 속 깊은 대화를 두 배 많이 했다. "팝콘 맛있겠다." 같은 사소한 이야기를 주고받는데 사용한 시간도 두 군이 유의미하게 달랐다. 행복지수가 낮은 사람일수록 이런 유형의 대화를 더 많이 했다.

그렇다고 심각한 주제로만 대화하는 것도 좋지는 않다. 가벼운 소재로 말을 이어가면서 과거의 기억과 현재의 느낌, 미래로 뻗어가는 인생의 가치에 대한 이야기가 자연스럽게 풀려 나오면 좋다.

골방에 틀어박혀 혼자 생각만 해서는 "네가 진정으로 원하는 게 뭐야?"라는 질문에 대한 답을 못 찾는다. 마음은 말에 실려 입으로 나와야 형태를 갖게 되고 그것이 타인이라는 거울에 맺혀야 비로소 우리는 자기 내면에 숨겨져 있던 진실을 볼 수 있다. 대화는 그래서 타인을 알아가는 여정인 동시에 자아를 발견하는 길이기도 한 것이다. 대화의 진짜 힘은 바로 여기에 있다.

점점 더 아름다워져라

"당신의 강점을 찾아보세요!" 우리는 응원의 말로 이렇게 타인에게 외친다. 나도 그렇게 한다. 그런데 강점이란 게 대체 뭘까? 현실에 적응하는 힘? 스트레스를 견디는 회복 탄력성? 변화에 유연하게 대처하는 능력? 도전하고 경쟁하고 성취하는 기술? 사람마다 이 말의 의미를 다르게 생각한다. 나는 한 사람이 지닌 아름다움이 진정한 강점이라고 여긴다.

"내가 그걸 한다고 해서 잘 할 수 있을지 모르겠어요." 이런 말을 하는 사람에게 묻는다. "어느 정도 해야 당신이 생각하는 잘 하는 것입니까?"라고. 그러면 그 분야의 큰 업적을 일군 사람들의 이름을 대며 "그 정도는 해야 되지 않을까요. 하지만 나는 어차피 그렇게는 못 될 테니까 열심히 해봐야 소용없어요"라고 한다. 그리고는 지금껏 해왔던 일과 공부에서 의미를 못 느낀다고 했다. 이래선 안 된다. 사소해 보이고 하찮게 느껴지고 별 것 아닌 경험도 소중히 다뤄야 한다. 경험을 쌓고 재조합해야 이 세상 어디에서도 찾을 수 없는 자기다움이 완성되는 법이다. 최고가 되는 것보다 유일무이한 개성의 발견과 표현이 더 중요하다.

자신이 대체 불가능한 존재라고 느끼면 자존감은 저절로 높아진다. "나만 할 수 있는 무엇인가를 가지고 있다"라는 믿음은 스스로를 아름다운 사람으로 인식하게 만든다. 표정도 밝아지고 자세도 당당해지니 실제로 더 아름다워진다. 자기다움을 추구하는 사람만이 진정 아름다워질 수 있는 것이다.

외적 아름다움도 중요하다. 그런데 세속적인 기준에 맞춘 아름다움이 아니라 개성이 살아나야 진짜 아름답다고 할 수 있다. 인공적이고 억지로 꾸며낸 미가 아니라 자기에게 어울리는 자연스러운 아름다움 말이다.

푸른 하늘의 뭉게구름, 주황빛으로 물든 석양, 초록으로 덮힌 동산을 몰입해서 관찰하면 그 대상에 진지한 관심과 애정이 저절로 솟아난다. 아름다움을 목격하면 자기중심성에서 벗어난다. 미적 체험이 이타심을 키워주는 것이다. 사람은 아름다움을 더 많이 느끼며 살아야 너그럽고 점잖아질 수 있다. 책상 위에 꽃 한 송이 놓아두고 일하는 사람은 그의 마음에도 시나브로 꽃이 핀다.

　아름다운 미술과 음악을 감상하거나 미적인 경지에 오른 수학 방정식을 보는 것만으로도 우리 뇌의 안와전두피질, 전방대상피질, 꼬리핵이 활성화된다. 이 부위들은 쾌락 중추라고 불리는 곳이며 낭만적 연애를 할 때 바삐 움직이는 회로다. 뉴런의 관점에서 보면 아름다움에 대한 반응은 사랑에 빠진 것과 마찬가지라는 뜻이다.

　아름다움을 제대로 보려면 자신의 눈과 감정이 먼저 아름다워져야 한다. 부정적인 마음, 나쁜 의도, 선입견과 편견을 품고 아름다움을 발견해낼 수는 없다. 아름다움은 아름다운 사람만 볼 수 있는 것이다. 그래서일까? 데이비드 헨리 소로는 아름다움에 대한 인식을 마음 검사라고 했다. 자신이 더 나은 사람이 되지 않고서는 미에 대한 인식 능력도 나아지지 않는다고 여겼기 때문이다. 타인을 대할 때도 마찬가지. 그 어떤 예술품보다도 예술적 존재인 인간을 오염된 눈으로 감상하면 고유한 아름다움을 찾아내지 못한다.

　쉬이 드러나지 않는, 숨겨진 아름다움을 찾아보자. 지극히 평범해 보여도 그 안에서 특별함을 찾았을 때 우리는 아름답다고 지각한다. 최고라서 탁월해서 아름다운 것이 아니다. 속물적 치장을 아름다움으로 착각하면 안 된다. 평범한 일상에서 다른 이들은 느끼지 못하는 비일상적 미를 느끼면 가슴이 설렌다. 우연히 들여다본 타인의 영혼에서 아름다움이 반짝일 때 우리는 전율한다. 이렇게 설레고 전율하는 순간들을 체험할수록 나란 사람도 더 아름답게 변해갈 것이다.

기적처럼 하룻밤에
스트레스가 싹 사라진다면

　"수능만 끝나면 혼자 제주도 가서 한 달 살기 하려고
요!" 수험생 자녀를 둔 중년 여성은 상담이 끝날 무렵 항상 이
렇게 말했다. 집밥 먹는 게 최고의 행복이라는 남편을 위해 이
십 년이 넘는 결혼 생활 동안 아침과 저녁상을 꼬박꼬박 챙겼
다. 삼 년 전에 첫째 아들, 이번에 둘째 아들이 고등학교 3학년
이다. 올해 수능이 끝나면 남편과 두 아들은 내버려두고 제주
도에 가서 한 달이고 두 달이고 혼자 지내겠다고 했다. 막연한
희망이 아니라 반드시 그렇게 할 거라고 머리숱이 줄어버린
갈색 머리카락을 손으로 빗어 넘기며 몇 번씩 힘주어 말했다.
　갱년기 우울증으로 꼼짝하기 싫은데도 우울증 약을 먹으면
그래도 기운이 나서 수험생 아들의 매니저 역할을 해낼 수 있

다며 웃었는데 그럴 때마다 눈가 주름도 깊어졌다. "수능만 끝나면 홀가분해질 거예요. 게다가 제주도로 떠나면 그게 우울증 완치법 아니겠어요"라고 했다. 그녀의 이런 소망을 들을 때마다 나는 "지금 제게 말한 결심, 나중에 흐트러지면 안 됩니다"라며 다짐 받듯 대꾸했다.

상담하면서 자주 듣는 말이 뭐냐면 "~이 해결되면 ~를 할 텐데…"라는 것이다. 예를 들면 이런 거다. "아들 대학 보내놓고 나면 그때부터 인생을 즐길 거예요." "딸이 시집가서 독립하면 피아노를 배울 거예요." "지금은 젖먹이 손자 돌봐줘야 해서 못 하지만 어린이집에만 들어가면 여행 다니면서 자유롭게 살 거예요." 하지만 애석하게도 자신을 짓누르던 스트레스가 해결돼도 계획을 실행했던 이가 그리 많지 않았다.

시간이 흘러 자녀가 대학생이 되었고 사위를 보고 손자는 할머니 없이도 어린이집에서 사귄 또래랑 놀게 됐을 때 나는 그들에게 물었다. "이제는 재밌게 지내고 계신 거죠?" 아들이 대학만 가면 자연히 행복해질 것 같다던 중년 여성은 "하루 종일 아들이 자기 방에 틀어박혀 나오질 않아요. 뭐 하냐고 물으면 이제는 자기가 알아서 한다며 버럭 화를 내요. 아들 걱정에 잠이 안 와요"라며 얼굴을 찌푸렸다. 피아노를 배우겠다고 했던 여성은 "울면서 딸이 전화했는데 내 속이 뭉그러져요. 사위하고 돈 문제로 싸웠나봐요. 내가 어떻게 해줘야 할지…"라며 말끝을 흐렸고, 혼자서 여행 다닐 거라고 했던 할머니는 "허리 디스크가 심해졌어요. 이 병원, 저 병원에서 치료 받다보면 일주일이 금방 가버려요"라고 말했다.

지금 삶에서 해결되지 않은 문제가 있으니 자신의 소망 실현은 미뤄둬야 한다는 이들에게 이런 이야기를 들려주곤 한다. "창 넓은 검정 모자를 쓴 마법사가 당신이 곤히 잠든 밤에 몰래 찾아와서 당신의 머릿속을 들여다보고는 '열심히 살고 있는데 마음고생은 이만 저만이 아니군. 이왕 온 김에 스트레스를 몽땅 해결해주고 가야겠어'라며 요술봉을 휘리릭 흔들었어요. 다음 날 아침에 깨어보니 기적처럼 모든 문제가 사라졌어요. 자, 그렇다면 당신은 어떻게 살고 있을까요? 그렇게 살면 어떤 느낌일까요? 그런 자기 모습을 간절히 원한다면 '나중에'라고 하며 미루지 말고 지금 바로 시작하세요."

이제 수능도 끝났으니 진료실 문을 열고 들어올 중년 여성이 어떻게 말하고 행동할지 궁금하다. 그녀의 결심이 단단했으니 이전에 내가 봤던 이들과는 분명 다를 것이다. 그렇게 믿어 의심치 않는다.

심심함을 사랑하기

'일에서도 승승장구, 사람들 사이에서 평판도 좋은데 정신과는 왜 온 거지?'라는 생각이 들게 하는 이들을 종종 본다. 새벽에 일어나 자기계발을 한 뒤에 출근해서 늦게까지 최선을 다해 일한 뒤에 운동까지 마쳐야 하루 일과가 끝난다. 추진력 있고 마감일을 딱딱 맞추며 일처리도 완벽하다. 게다가 성격은 왜 이렇게 좋은 건지. 항상 웃고 또 웃으며 긍정 에너지가 넘친다. 남들이 다 대단하다고 칭찬한다.

병원에 온 니름의 이유가 상담을 하면서 차차 드러나긴 하지만 어쨌든 첫인상만 보면 치료하려는 나보다 세상살이에는 더 도가 트여 보였다. 그런데 이렇게 말하는 게 아닌가. "짬이 생기면 어쩔 줄을 모르겠어요. 만나고 싶지 않은 사람과도 약

속을 잡고 딱히 살 게 없어도 마트에 가서 장을 봐요." 일없는 휴일에는 공허하고 말로 표현하기 힘든 불쾌감이 들어서 바쁘게 일할 때가 마음은 오히려 더 편하다고 했다. 무슨 걱정이 있냐고 물으면 특별한 문제는 없다고 하는데도 자신을 가만히 내버려두지를 못했다. 한시도 쉬지 않고 뭐라도 해야 직성이 풀리고 편히 쉬면 잘못을 저지른 것 마냥 초조해했다.

이들의 하소연을 쭉 따라가다 보면 결국 심심함에 대한 두려움, 편해지는 것에 대한 죄의식을 갖고 있다는 걸 알게 된다. "한가하게 있는 건 나쁜 거야. 바빠야 거친 세상에서 살아남아"라는 생각이 심심해질 때마다 머릿속에서 불쑥 불쑥 치밀어 올랐던 거다. 심심함을 견디지 못하는 사람의 내면에는 자신이 쓸모없어지는 것에 대한 공포가 똬리를 틀고 있었다.

회사나 타인이 자기 가치를 인정해주면 잠시 안도하지만 얼마 못 가 다시 불안해지고 그 불안을 잠재우기 위해 자기를 더 쥐어짰다. 불안을 동력 삼아 완벽을 향해 자기 영혼을 채찍질했던 것이다. 이런 고기능성 불안에 시달리는 이들은 한가해지는 걸 견디지 못한다. 세상이 자신에게 요구하는 것을 따르는 데만 익숙해서 시간 여유가 생겨도 스스로를 신나게 만들 줄 모른다. 예비 번아웃 환자라고 해도 무방하겠다.

"모든 인류의 문제는 인간이 혼자 방에 조용히 앉아 있지 못한 데서 비롯된다"고 말했던 파스칼은 그때 이미, 다음 세기에는 심심하게 자기를 내버려두지 못하는 사람이 늘어날 거란 사실을 알고 있었을지도 모르겠다.

심심함은 "오롯이 나의 영혼이 기뻐할 일을 하라"고 마음이 보내는 메시지다. 일과 상관없이 영혼을 살찌울 수 있는 활동이라면 뭐든 좋다. 참신한 아이디어가 번쩍이는 것이면 더 좋다. 한 번 들으면 흥얼거리게 되는 곡 하나를 반복해서 들으며 골목길을 걸어 보거나 스마트폰으로 별자리를 찾아봐도 좋고 책장에 꽂힌 책들 중에서 나만의 베스트10을 꼽아보거나 첫사랑의 기억으로 소설 쓰는 작가가 되어 스토리를 구상해보고 살고 싶은 집의 평면도를 그리고 나중에 해보고 싶은 가게 이름을 미리 짓고 로고도 직접 디자인해보자.

심심하다고 SNS와 인터넷 뉴스를 쫓아다니고 나면 더 불안해질 테니 이건 금물이다. 그리고 인간이 진정으로 의미 있게 살기 위해선 간간이 게으름을 피워야 한다는 사실도 잊지 말자.

의사결정의 기술

걸핏하면 외박하는 남편 때문에 화가 난 아내가 묻는다. "이혼해야 할까요? 그냥 참고 살아야 할까요?" 상사의 폭언에 시달리던 직장인이 흥분해서 묻는다. "당장 사표를 내야겠죠?" 짝사랑에 빠진 젊은이가 머뭇거리며 "고백해야 할까요? 그랬다가 차이면 어쩌죠?"라고 물어온다. 가끔은 이런 질문도 받는다. "지금 아파트를 팔았다가 나중에 후회하면 어쩌죠?" 나는 사랑의 전문가도 부동산 전문가도 아니다. 내가 내담자보다 우월한 위치에 있다고 결코 생각하지 않는다. 인생문제의 전문가는 정신과 의사가 아니라 고민을 갖고 온 바로 그 사람이다. 즉문즉답으로 답을 척척 내놓는 멘토들도 있지만 나는 그렇게 못 한다. 머리를 싸매고 고민하다 정신과까지 찾아올 정도라면 답을 쉽게 찾을 수 없는 문제이기 때문이다.

사랑, 일, 돈처럼 중요한 주제에 대해 결정 내려야 할 때는 "지금 나의 감정은 어떤 상태인가?"를 반드시 먼저 살펴야 한다. 결정은 감정에 편향된다. 고조된 감정은 판단을 왜곡한다. 불안하면 관점이 좁아지고 다양한 대안을 고려하지 못하게 된다. 분노하면 믿고 싶은 것만 골라 믿는 확증 편향의 함정에 빠지기 쉽다. 기분이 들뜨면 잠재적 위험을 간과하게 된다. 우울이라는 감정에는 자기 파괴적인 결과에 이를 게 분명한 선택을 끌어당기는 속성이 있다. 인생에도 되돌리기 버튼이 있다면 나중에 누르고 싶어질지 모른다. 감정이 고조된 상태라면 안정될 때까지 의사결정을 미뤄두는 게 낫다. 흥분해서 찾아온 내담자에게는 고민거리를 하룻밤 푹 자고 난 뒤에 다시 생각해보라고 한다.

흥분을 가라앉히기에 하루로는 부족할 수 있다. 감정이 평온해지기를 마냥 기다리고 있을 수만은 없다면 어떻게 할까? 상상력을 활용하면 된다. 자신이 어떤 선택을 한 뒤에 일어날 변화를 긴 시점으로 늘여서 보는 것이다. 나는 1-1-1 기법을 추천한다. 의사결정을 하고 나서 하루 뒤, 한 달 뒤, 그리고 일 년 후에 어떤 일이 벌어질까 미리 상상해보는 것이다. 하루가 지나면 어떤 마음일지 한 달 뒤에 후회하지는 않을지 1년 후에 삶은 어떻게 달라져 있을지 마음으로 그려본다. 마지막에 0 하나를 덧붙여서 10년 이후의 자기 모습도 떠올려보면 좋다. 옳은 선택은 시간의 압력을 이겨낸다.

의사결정을 도와주는 또 다른 방법은 타인의 시선으로 자기 문제를 보는 것이다. 사랑하는 가족이나 친구를 떠올려본다. 그 사람이라면 자기 앞에 주어진 갈림길에서 어떤 선택을 하라고 조언할지 상상해보는 것이다. 우리는 타인의 문제에 대해서는 가장 중요한 요인에 집중하는 경향이 있지만 자기 문제에 파고들 때는 수많은 변수를 한꺼번에 다 고려하려 들고 그래서 머리만 복잡해지고 판단 오류를 일으키곤 한다.

친구가 사랑에 빠졌는데 표현 못 하고 있다면 우리는 대부분 이렇게 충고한다. "당장 고백해, 나중에 후회하지 말고!" 하지만 혼자 고민하다 보면 '거절당하면 어쩌지, 창피하지 않을까, 마음에 상처를 입고 괴로워질 수도 있잖아'라는 생각에 사로잡혀 결심을 못 한다. 이런 경우 자기 마음을 솔직히 고백하고 상대의 반응을 기다리는 게 정답이다. 서로의 마음이 맞아 연인이 될 가능성이 있기 때문이다. 비록 거절당할 수도 있지만 차인 상처는 시간이 지나면 사라진다. 1년 뒤에는 희미해지고 10년 후에는 가물가물한 추억으로 수렴되므로 주저할 필요 없다.

부부를 지켜주는 말

　　부부 사이에 생긴 마음의 상처는 말 때문인 경우가
많다. 남편이 아내에게 "당신이 뭘 알아. 집에서 편하게 지내
니까 배가 불러서 그런 거야"라고 던진 말은 칼이 되어 가슴
을 후벼 판다. 남편은 아내가 자신을 무시하는 말을 못 견딘다.
"내가 밖에서 얼마나 힘들게 일하고 돈 버는데 그렇게 밖에 말
못 해!"라며 버럭 화를 낸다. 이런 말을 주고받다 보면 부부인
데 남보다 못하다는 실망으로 이어진다.

　행복한 부부 관계에 대해 이야기할 때 빠지지 않고 언급되
는 연구가 있다. 존 가트먼 박사의 실험이다. 그는 부부 대화를
녹화해서 보면 향후 6년 안에 부부가 계속 같이 살지 헤어지게
될지 예측할 수 있다고 했다. 그것도 대화 시작 후 3분만 관찰

하면 바로 알 수 있다고 한다. 이혼 할 부부에게는 특징적인 대화 패턴이 있다. 비난과 멸시다. 폭언이나 막말은 두말할 나위도 없다. 언뜻 들으면 아닌 것 같아도 숨겨진 의도는 배우자에 대한 비난과 멸시인 말들이 더 위험하다.

"당신이 뭘 알아." 이건 자신은 옳고 상대는 잘못되었다는 비난의 말이다. "그렇게 하자고 한 건 당신이잖아." 하고 책임을 떠넘기는 말도 배우자를 향한 비난이다. 상대를 가르치려 드는 것은 멸시에 해당한다. "내가 이렇게 하라고 가르쳐줬잖아"라는 표현에는 "당신은 뭘 몰라. 내가 시키는 대로 해"라는 속뜻이 담겨 있기 때문이다. 배우자의 성격을 평가하고 비판하는 것도 금기다. "당신은 너무 예민해. 성격 고쳐야 돼." 이런 말을 자주 하고도 부부 관계가 멀쩡히 유지되기를 기대해서는 안 된다.

부부 상담을 하다 보면 "어떻게 좋은 말만 하고 살아요. 잔소리라도 해야지 그 사람이 바뀌지 않겠어요?"라는 이야기를 종종 듣는다. 배우자를 말로 통제하고 변화시키려는 시도는 거의 다 실패한다. 아무리 옳은 말이라도 배우자에게 강요하면 반발심만 일어난다. 배우자에게 술 좀 끊으라고 잔소리할수록 술에 대한 욕구가 더 커지는 심리적 역반응이 생긴다. 부부 사이는 점점 멀어진다.

사람은 잘 바뀌지 않는다. 태어나서 수십 년에 걸쳐 형성된 행동 패턴이 배우자의 잔소리로 변할 리 없다. 사람의 성격은 개인의 의지보다 부모에게 물려받은 유전자에 의해 형성되는 요소가 우리 예상보다 훨씬 크다. 심리적으로 건강한 부부는 자기 자신과 배우자의 불완전함을 견뎌낼 줄 안다. 배우자를 더 나은 사람으로 변화시키겠다며 돌직구를 날리는 게 아니라 부족하면 부족한 대로 아쉬운 대로 배우자의 있는 그대로를 품고 갈 수 있어야 결혼 생활이 유지된다.

겉으로 드러나지 않아도 모든 부부는 제각각의 불행과 슬픔을 안고 산다. 남편과 아내가 같이 살다 보면 필연적으로 위기가 찾아온다. 아내는 괜찮은데 남편에게 고통이 닥쳐오기도 하고 시간이 흐르면서 반대 상황도 생긴다. 이럴 때 부부 사이를 지켜주는 건 따뜻한 말 한마디다. 몇 년 전에 공중파에서 방영되었던 드라마에서 친정아버지가 결혼한 딸에게 했던 말이 잊히지 않는다. "네 탓이 아니다. 생길 일들이니까 생긴 거다. 누구 잘못인지 따져봐야 힘만 든다. 얽히고설키는 게 어떻게 한 사람의 잘못으로 되겠느냐. 세상에서 제일 불행한 사람이 누군지 아느냐. 넘어졌을 때 일으켜 세워줄 사람이 아무도 없는 사람이다. 그래서 결혼하고 부부가 되는 거다. 넘어졌을 때 일으켜 세워줄 사람 만들려고."

이혼하는 이유, 이혼 못 하는 이유

상담을 하다 보면 이혼하는 게 맞는데도 그러지 않고 계속 사는 부부를 종종 본다. 가정 폭력이 그런 경우다. 알코올 문제가 겹쳐 있으면 더 심각하다. 배우자의 반복된 외도도 중요한 이혼 사유다. 그런데도 "아이가 대학 갈 때까지는 참고 살겠다." "부모 이혼이 흠이 될 수 있으니 아들딸이 결혼하고 나서 이혼하겠다." 하며 이혼 못 한다고 한다. 본인은 이혼하고 싶지만 남편이 이혼해주지 않는다거나 나이 드신 부모님이 이혼은 절대 안 된다며 가족 반대로 배우자와 헤어질 수 없다고 하는 경우도 있다. 성가신 법적 절차나 이혼에 대한 세간의 부정적 평가도 그들을 가로막는다. 그런데 이런 말들이 이미 어긋나버린 부부 관계를 끝내지 않는 진짜 이유일까?

이혼 사유를 분석한 자료를 보면 언제나 성격 차이가 일등이다. 과연 이게 진실일까? 나는 아니라고 본다. 갈등이 생기고 감정의 골이 깊어져 이혼을 결심하는 이유는 부부마다 제각각이지만 결국 법적으로 완전히 갈라서는 결정적인 원인은 돈 때문인 경우가 많다. 그러면 이혼해야 하는 게 맞는데도 이혼하지 못하는 이유는? 이것도 돈이 큰 걸림돌이다.

이혼 후 불행을 예측하는 중요한 지표 중 하나는 경제 수준이다. 노벨 경제학상을 수상한 대니얼 카너먼의 연구 결과를 보면 소득 수준이 낮은 경우 이혼으로 인한 정서적 고통이 소득 수준인 높은 사람에 비해 곱절이 컸다. 한 달에 천 달러 이하로 버는 사람이 이혼하면 그들 중 절반이 불행하다고 느끼지만 월 소득 삼천 달러 이상인 사람들은 그중 사 분의 일만이 불행하다고 보고했다.

돈은 개인의 행복에 절대적인 영향을 끼친다. 안타까운 말이지만 경제적으로 여유 있으면 보다 좋은 의료혜택을 받을 수 있고 예상치 못한 사고가 닥쳐도 잘 버텨낸다. 심지어 돈이 가족의 정서적 지지를 이끌어내는 유인책이 되기도 한다. 우울증이 생겨서 일을 쉬어야 함에도 불구하고 그렇게 했을 때 가족의 생계가 위협받는 상황이라면 정신적 고통에 생활고까지 겹쳐 치료 예후가 나빠질 수밖에 없다.

브리티시컬럼비아대학교 연구팀이 2010년도에 1만 2000명의 영국인을 대상으로 수입과 행복의 관계에 대해 조사했다. 이 결과를 보면 부의 총량이 늘었을 때 슬픔은 확실히 줄어들지만 그렇다고 행복 수준이 높아지지는 않았다. 돈이 삶에서 겪게 되는 곤란을 처리하는 데 쓰이기 때문이라고 해석했다. 세금 꼬박꼬박 내고 월세 제때 내고 관리비며 교통비 지출에 어려움이 없다고 더 행복해지는 건 아니겠지만 돈으로 이런 일을 편하게 처리할 수 있으면 스트레스는 덜 받고 짜증도 덜 날 것이다. 행복을 살 수는 없어도 불쾌한 감정을 덜 느끼도록 막아주는 게 돈의 중요한 역할인 것이다. "돈은 행복을 얻기 위한 도구라기보다는 슬픔을 줄이기 위해 더 유용한 도구일 것"이라고 연구팀은 결론지었다. 꼭 필요한 돈이 없으면 불행의 나락으로 쉽게 떨어지고 마는 게 현실의 삶이다.

이혼하더라도 불행해지지 않으려면 경제적으로 자립할 수 있어야 한다. 혼자 살아야 할 때 일상을 지켜주는 힘은 돈에서 나온다. 갑작스러운 사건 사고가 인생을 덮쳤을 때 국가와 사회가 나를 지켜줄 것이라는 믿음이 사라지면 돈이 개인의 행복에 더 큰 영향을 미친다. 세상이 어떻게 변할지 모르고 미래를 예측하기가 어려워질수록 나약한 우리는 "돈, 돈, 돈"을 외칠 수밖에 없는 것이다.

용서받는 사과란

"사과하고도 욕먹었어요. 미안하다고 말해놓고 내 마음만 다쳤어요." 상담 온 중년 남자가 아내에 대한 불만을 털어났다. 자존심 굽히고 자신이 먼저 "여보, 미안해"라고 용서를 구했는데 아내가 대뜸 "당신 잘못이 무엇인지 아느냐"고 다그쳐 묻더란다. 이 남자는 우물쭈물하며 "아니, 내가 미안하다고 했으면 됐지 뭘 그리 꼬치꼬치 캐묻냐"며 반박했고 이 말을 들은 아내는 "당신은 자신이 뭘 잘못했는지도 모르면서 사과하는 거냐. 이건 진정성이 없는 거다. 스스로 잘못했다고 여기지도 않으면서 말로만 미안하다고 하는 것 아니냐"며 화를 냈다고 한다. 진심을 몰라준 아내가 서운하다며 남편은 언짢아했고 부부 싸움 커지고 말았다.

사과에는 디테일이 담겨야 한다. 단순히 "미안해." 하면 끝나는 것이 아니라 "어떤 일이 있었는데 내가 잘못한 부분은 무엇이고 그래서 당신 마음을 아프게 만들었다. 진심으로 사과한다. 용서해주었으면 좋겠다"라고 했어야 한다. 여기서 한발 더 나아가 "당신의 마음을 헤아리고 제때 용서를 구했어야 하는데 그러지 못해서 더 미안하다"고 하며 사과하기 전까지 상대가 느꼈을 고통에 대한 책임도 표현해야 한다.

사과에는 애절함이 제일 중요하다. "제발 내 진심을 받아줘요"라고 끊임없이 매달리는 것이 사과다. 그런데 상대가 단번에 알았다고 해버린다면 용서 받았다는 느낌도 안 들고 오히려 사과한 사람의 마음은 더 아파질 수밖에 없다. 너무 쉬운 용서는 '더 이상 너는 나에게 중요하지 않은 사람이다'라는 의미이고 '너와의 관계를 회복시키고 싶지 않다'는 단절의 표현이기 때문이다. '너와 그 문제로 더 이상 말 섞고 싶지 않다'는 거부 의사를 드러내는 것이기도 하다. 상처가 깊으면 용서도 어려운 법. 아무리 사과해도 받아주지 않는다고 낙담하지 말고 눈 덮인 겨울산을 오르듯 또 표현하고 또 표현해야 한다. 쉽게 용서해주지 않는다는 것은 상대가 자신에게 품고 있는 애정이 그만큼 크다는 뜻이기도 하니 애절하게 더 매달려야 한다. 이렇게 얻은 용서가 진짜다.

사과는 타이밍이다. 문제가 심각해질 것 같아서 뒤늦게 표현하면 용서받기 어렵다. 변명만 늘어놓고 시간을 끌다보면 상대의 마음에 난 상처는 더 곪는다. 너무 빠른 사과도 진정성을 의심받을 수 있다. 비난과 책임을 면하려고 미리 방어막을 세우는 것이라고 여길 수 있기 때문이다.

나쁜 사과 중에 하나는 SNS를 활용하는 것이다. 진정성은 사과의 말보다 그것을 담고 있는 목소리와 표정, 자세와 태도로 드러난다. 두 손 모은 이모티콘에 문자 메시지만 날리고 페이스북에 자기 생각만 적어 올린 글이 진정한 사과가 될 수는 없다.

사과는 말로 들려주는 것이 아니라 보여주는 것이다. 진심에 상응하는 무언가로 드러나야 한다. 단순히 물질적으로 보상하라는 의미가 아니다. 사과의 말뿐 아니라 상처를 치유하는 행동을 통해 상대가 사과의 진정성을 눈으로 보고 확인할 수 있게 해야 한다. 정성스럽게 준비한 선물을 전하고 선물 살형편이 안 된다면 손편지를 써서 우편으로 보내야 한다. 이것도 통하지 않으면 무릎 꿇고 머리 숙여 용서를 빌어야 한다. "내가 미안하다고 했으면 됐지, 더 이상 뭐가 필요하냐"는 사람은 더 반성해야 하고 용서받을 수 있다는 바람을 가져서도 안 된다.

최고의 칭찬

　꽃에게 칭찬하지 않는다고 피지 않는가? 칭찬이 없다고 다이아몬드의 가치가 떨어지는가? 당연히 그렇지 않다. 인정받지 않더라도 꽃은 꽃, 다이아몬드는 다이아몬드다. 고유한 아름다움은 사라지지 않는다. 정신건강을 지키려면 타인의 인정에 매달리지 말라고 충고한다. 하지만 나를 포함한 우리 모두는 칭찬 없이 힘든 세상을 견뎌낼 만큼 강하지 않다.

　요즘처럼 우울한 시대에 나도 모르는 나의 가치를 타인이 응원해준다면 그보다 기쁜 일은 없다. 지치지 않으려면 '밥심'이 필요한 것처럼 칭찬도 규칙적으로 섭취해야 힘을 낼 수 있다. 따뜻한 말 한마디는 마음속 깊이 간직된다. 부모님의 애정 어린 한 마디, 학창 시절 선생님의 격려는 스트레스받고 좌절할 때마다 의식의 수면 위로 떠올라 용기를 북돋아준다. 칭찬은 내면화된다.

아랫사람 기를 좀 살려주라고 하면 칭찬의 부작용을 염려하는 경우가 있다. 하지만 이건 제대로 된 칭찬을 하지 않았기 때문이다. "내 말 잘 들으니 착하네"는 칭찬이 아니라 조종이다. 특정한 방향으로 다른 사람의 행동을 유도하려고 칭찬을 이용했기 때문이다. 타인을 통제하려는 의도가 명시적이면 칭찬은 돈처럼 보상으로 기능한다. 조정과 보상으로 작동하는 건 허위 칭찬이다.

의도적으로 노력하지 않으면 "너는 그게 문제야"처럼 부정적인 말이 쉽게 튀어나온다. 타인을 향한 긍정의 표현은 부단히 노력해야 자연스럽게 나온다. 칭찬에 인색한 사람은 막상 그것이 필요한 순간에도 무슨 말로 칭찬을 표현해야 하는지 모르겠다며 막막함을 느끼게 된다. 기껏해야 "잘했다, 훌륭하다, 대단하다"는 식상한 말만 내뱉는다. 상투적인 표현에 울림은 없다. 막연한 찬사는 공치사나 아첨으로 들린다. 칭찬이 사실에 근거하고 표현이 생생하고 구체적이어야 상대의 마음에 닿는다. 남다른 내용을 남다른 방식으로 칭찬하면 그것을 듣는 사람뿐 아니라 말한 이 자신도 특별해지니 일석이조다.

칭찬의 기본을 지키자. "결과는 조금 아쉽지만 최선을 다하며 분투하는 모습이 보기 좋더라."처럼 결과보다 과정에 주목

하자. 성과보다 잠재력을 추켜세우면 좋다. "어려운 상황에서도 끝까지 일을 마무리 한 너의 근성이 돋보이더라."처럼 말이다. 당사자도 깨닫지 못한 장점을 찾아내어 말해주면 더 좋다. "짜증 낼 법한 상황에서도 웃음을 잃지 않던 너의 모습이 보기 좋더라." 했더니 정작 칭찬의 대상은 그때 찍은 사진을 본 후에야 '내게 이런 모습이 있었구나.' 하고 알게 되었다고 했다.

세심하게 관찰하고 마음을 두루 살펴야 제대로 칭찬할 수 있다. "일할 때는 진중하고 식사 자리에서는 유쾌하게 분위기를 맞추고 너는 못 하는 게 없구나."처럼 다양한 관점에서 바라본 종합적인 매력을 깨닫게 해주자. "솔직하면서도 선을 넘지 않는 네 모습을 보면 반듯한 느낌이 들어서 좋다"도 괜찮겠다.

타인을 향한 최고의 찬사는 그로 인해 내가 받은 감동을 나타내는 것이다. "당신 덕택에 내가 행복해. 고마워"처럼 말이다. "네가 노력하는 모습을 보니 아빠가 뿌듯하구나"처럼 내 느낌에 중심을 두면 좋다. 평가와 판단이 아니라 타인의 존재에 대한 고마움을 표현하는 게 진짜 칭찬이다.

나쁜 생각을 없앨 수 있을까

　　우울이나 불안처럼 정서 문제로 정신과를 흔히 찾아오지만 자신의 생각이 자기를 괴롭힌다며 찾아오는 사람도 이에 못지않게 흔하다. 스스로를 칭찬해야 한다는 걸 알지만 '난 뭘 해도 안 돼, 나는 멍청해, 할 줄 아는 게 없어'라는 생각이 자기도 모르게 불쑥불쑥 치밀어 오른다고 한다. 멈추려고 해도 안 된단다. 자기계발서를 읽고 멘토들의 유튜브도 보며 가르침을 받았지만 소용없었다며 "어떻게 해야 부정적인 생각을 없앨 수 있나요?"라고 묻는다.

　　나쁜 생각을 하게 되는 자신이 두렵다는 청년들도 있다. 머릿속을 휘젓고 다니는 야한 생각과 이미지가 자신이 타락한 인간이라는 징표라며 죄책감에 시달리다가 찾아오기도 한다. 글씨를 쓸 때마다 볼펜을 어떻게 잡아야 할지 고민하느라 공부할 시간을 빼앗긴다며 '이러다 시험에 떨어지고 말 거예요'라며 공포에 떠는 수험생도 있었다. 불면증 때문에 찾아온 중년 여성의 마음을 쫓아가보니 그 원인은 '저 남자랑 왜 결혼했을까, 내가 젊었을 때 다른 남자랑 사귀었더라면 좋았을 텐데…'라는 후회가 꼬리에 꼬리를 물어 잠들지 못했던 것이었다.

우리는 우리의 생각이 자동차처럼 원하는 방향으로 핸들을 돌리고 기어만 바꿔주면 편하게 굴러갈 거라고 여긴다. 의지로 조절 가능하다고 믿는 것이다. 하지만 생각은 그렇게 바뀌지 않는다. 오히려 코끼리 등 위에 올라타서 조종하는 것과 더 비슷하다. 억지로 움직이게 하려고 채찍질하면 성내고 덤벼든다. 원치 않는 생각도 억지로 없애려고 하면 더 떠오르게 마련이다. 무언가를 생각하지 않으려고 하면 그 생각을 먼저 해야만 하니까 생각은 지우려고 할수록 더 떠오를 수밖에 없다. 이런 현상을 두고 생각 억제의 역설이라고 한다.

정신과 의사의 일이란 불쾌한 생각들을 없애주는 것이 아니다. 그렇게 할 수도 없다. 그 생각이 옳은지 혹은 도움이 되는지를 따지거나 생각의 뿌리를 캐들어가는 것이 우선적인 목표도 아니다. 가장 먼저는 생각을 영화처럼 관찰할 수 있도록 도와주는 것이다. 혼자 보기엔 겁나지만 같이 보면 덜 무서운 공포 영화처럼 말이다.

마음속에 사나운 용 한 마리가 산다고 상상해보자. 그 용은 선량하고 유익한 생각들을 잡아먹고 있다. 어떻게 해야 좋은 생각을 지켜낼 수 있을까? 용이 살고 있는 굴로 뛰어 들어가 싸울까? 겁이 나니 도망 다녀야 하나? 회피해도 안 되지만 무턱대고 덤벼들면 용에게 잡아먹힌다. 먼저 해야 하는 일은 불을 뿜는 용이 자주 출몰하는 때와 장소를 확인하고 약점이 무엇인지 세밀하게 관찰하는 것이다. 탐색을 잘하면 해결책은 자연스럽게 발견된다. 함부로 싸움을 걸거나 무섭다고 줄행랑치지 말고 두 눈 부릅뜨고 똑바로 보는 게 핵심이다. 나쁜 생각을 다루는 방식도 용을 무찌르는 것과 다르지 않다.

무시무시한 용과 대적하는 스토리는 어떻게든 싸워 이긴다는 게 결론이지만 나쁜 생각과 직면하는 이야기는 끝맺음이 다르다. 엔딩은 두 가지다. 자아를 괴롭히는 생각이 들 때마다 겁먹고 도망가면 타임 루프 영화처럼 끝없이 반복된다. 떨려도 직관하면 '어, 이게 불을 뿜는 용인 줄 알았는데 조그맣고 하얀 토끼잖아'라는 걸 알게 되는 코미디로 끝이 난다.

관계를 망치는 말버릇

　친밀해야 할 부부나 연인이 대화하면서 잘못된 말투 때문에 서로에게 상처 주고 "당신하고는 대화가 안 돼"라고 토라지곤 한다. 어떤 말버릇이 이런 상황을 만들까?

　상담 와서 아내들이 하는 불평 중 하나는 실컷 남편에게 이야기했는데 뜬금없이 "그런데 ~는 어떻게 됐지?"라며 화제를 바꿔버린다는 것이다. 남편이 경청하지 않는 것도 싫지만 '당신 이야기는 듣고 싶지 않다'라는 뜻처럼 들려 모욕감을 느낀다고 한다. 남편이 이런 말투를 자주 쓴다면 아내는 '나에게 뭔가 숨기고 싶은 게 있나?'라는 인상을 갖는다. 대화해도 신뢰가 쌓이기는커녕 의심만 낳는다.

　"당신이 뭘 몰라서 그래"라고 하면 상대는 더 이상 말 섞기 싫어진다. 전문 용어를 남발하고 "당신은 그 뜻을 아느냐?"라고 뜬금없이 묻는 것도 "너는 그거 모르잖아"라고 무시하는 것이다. 상대는 나도 알고 있다는 걸 증명하려고 애쓰게 되고 방어적으로 변한다. 자기 약점을 드러내도 상대가 있는 그대로 수용해줄 것이라는 믿음이 있어야 솔직한 마음을 드러낼 수 있다.

오래 사긴 친구나 연인이 무심코 상대에게 "넌 그게 문제야"라고 말하거나 "너는 너무 예민해"라고 상대의 속성을 판단하기도 한다. "너는 어떤 성격 유형이라서 그런 거야"라고 말하는 것도 마찬가지다. 이건 모두 개인의 고유한 성격에 꼬리표를 다는 것이다. 상대를 평가하고 판단하는 말투는 듣는 사람에게는 비난으로 전달된다. 이런 말버릇을 갖고 있다면 인간관계를 좋게 맺기 어렵다. 비판단적인 태도를 보여야 진심 어린 대화가 이어진다.

아내가 남편에게 "당신이 이십 년 전에 나에게 ~라고 말했는데 어떻게 그럴 수가 있어"라고 한다. 십 년도 아니고 이십 년 전의 일이니 그때 무슨 일이 있었는지조차 남편은 까마득히 잊었다. 뭐라고 대꾸해야 할지 모르겠다. 그렇다고 "언제 어디서 누가 그랬는데?"라고 따져 물으면 대화가 아니라 꾸짖는 것처럼 느껴진다. 이런 말투는 진솔한 대화보다는 상대의 기를 죽이려는 의도를 갖는다.

연인이 대화를 나누고 있다. 한쪽이 "우리 사이에 필요한 건 공동의 취미 생활인 것 같아"라고 말하자 다른 한쪽이 "그건 중요한 게 아니야"라고 잘라버린다. 이런 말버릇은 "중요한 건 그게 아닌데 너는 그걸 모르니?"라며 상대가 잘못됐다는 걸 지적하는 꼴이다. "그럼 도대체 중요한 게 뭔데?"라고 반발심을 부추기게 된다. 억지로 마음을 맞추려 애쓰지 않아도 자신이 소중하게 여기는 가치를 존중해주는 대상과 이야기를 하다보면 사람은 저절로 동화된다.

한참 대화를 나눴는데 끝에 가서 "어쨌든 내 생각에는 변함이 없어"라고 하면 정말 김샌다. '이럴 거면 시간 들여 대화할 필요도 없잖아'라는 생각에 허탈해진다. 대화 끝에는 자기 생각을 되풀이할 게 아니라 "당신이 하고 싶은 말은 ~이군요"라고 상대의 이야기를 정리해주는 게 좋다. 그래야 다음에도 대화가 이어진다.

대화를 망치는 말 습관이 누구에게나 한두 개쯤 있게 마련이다. 대수롭지 않게 여기거나 미처 모르고 있을 수도 있다. 자신이 나누고 있는 대화를 마치 제삼자처럼 관찰하려고 해보자. 상대의 내면에 어떤 감정의 파동이 일어났을지 상상해보고 어떻게 반응할지 먼저 예상해보면 좋다.

거절은 누구나 힘들다

상사가 프로젝트를 제안했다. 시간이 부족한데도 어쩔 수 없이 "네, 그렇게 하겠습니다"라고 마지못해 답하고 말았다. 이렇게 하나둘씩 일이 쌓이면서 마음 에너지가 고갈되는 걸 느낀다. "아니면 아니라고 해야지, 분명하게 말하면 되잖아"는 올바른 말이기는 하지만 실용적이진 않다. 무리한 요구라면 당당히 "노"라고 할 수 있어야 한다. 그런데 이게 현실에서는 그대로 적용되기 어렵다.

성장 지향적인 사람이라면 "네, 제가 해보겠습니다"라고 대답하고 싶은 충동을 느끼는 게 자연스럽다. 직장생활을 잘하고 싶고 성과를 내고 싶고 인정받고 사람이라면 "아니요"라고 말하기 어렵다고 느끼는 게 당연하다. 사회생활에서 우리를 고민에 빠뜨리고 끝내 번아웃이 생기게 만드는 상황은 대부분 속으로는 힘들어서 거절하고 싶어도 어쩔 수 없이 "네"라는 대답으로 자신을 몰고 가버린다.

이럴 때 우리는 가볍게 약속하기를 익혀두면 좋다. "제가 그 일을 한 번 해보고 싶기는 합니다. 그런데 제가 실제로 잘 해낼 수 있을지 고민해본 뒤에 답을 드려도 될까요?"라고 말해보면 어떨까. 습관적으로 "예"라고 말하지 말고 그 일까지 해낼 수 있는 에너지가 충분한지 점검하기 위한 시간을 벌기 위해서다. 가능하다고 판단되면 그때 "제가 해보겠습니다"라고 대답하면 된다. 하루 이틀 후에 "최선을 다해서 그 일도 맡아서 해보고 싶지만 곰곰이 제 상황을 따져보니 지금 진행하고 있는 프로젝트가 곧 마감이라 도저히 두 가지 일을 병행하기 어렵습니다. 널리 이해해주십시오"라고 하면 듣는 이는 아쉽겠지만 그래도 "그럼 어쩔 수 없지…"라고 수긍할 수밖에 없게 된다.

"저를 믿어주시는 것은 고맙습니다. 제안을 받아들이지 못하겠습니다. 그 일을 하면 제 주 업무를 수행하는 데 곤란이 생길 것 같습니다"라고 하거나 "저에게 기회를 주셔서 고맙습니다. 그런데 지금 하는 일을 포기해야 그 일을 할 수 있을 것 같아요. A와 B 가운데 어떤 업무에 제가 더 충실하시길 바라십니까"라고 넌지시 거절하는 기술을 익혀두는 것도 좋다. 아니면 "부탁하신 일을 할 수 있을 것 같습니다. 그런데 다음 주 중에 시작해도 될까요? 급하게 마무리해야 할 일이 쌓여 있어서 지금 당장 시작하기가 어렵습니다"라고 하며 적당히 미뤄보는 것도 또 다른 방법이다. 눈치 빠른 상사라면 이 말을 "할 수 없습니다"라고 받아들일 테고 공감 능력 떨어지는 상사라면 나중에 또 시킬 수도 있으니 주의해야 한다.

상담하다 보면 내담자가 "나는 거절을 잘 못 해요. 자존감이 낮아서 그래요"라고 스스로에게 문제가 있다고 여기는 이들을 자주 본다. 그렇지 않다. 인간은 맥락에 속박되어 있다.

상사를 기분 나쁘게 만들고 싶지 않다는 선한 마음 때문에, 인정받아 승진하고 싶은 욕망 때문에 부탁한 그 사람과 관계를 불편하게 만들고 싶지 않아서 어쩔 수 없이 예스맨이 되고 마는 것이다. 아니면 전날 푹 자고 일어나서 컨디션이 좋고 텐션이 올라가서 충동적으로 "예"라고 대답했을 수도 있다. 이 모든 것이 "예스"라고 답하게 만든 이유일 수 있다.

자신을 조금 더 넓은 맥락에서 관찰해보자. 그럴 수밖에 없었던 이유를 보다 넓은 관점에서 바라보고 스스로에게 연민을 가져야 한다. 그리고 나에게 "거절 못 하는 내가 싫어요"라고 할 게 아니라 "직장 생활하느라 고생 많은 나 자신을 나라도 다독여주자"라고 해야 한다.

시간을 길게 쓰는 법

시간은 절대적이지 않다. 물리학에서 시간은 질량과 속도에 대해 상대적이지만 심리적 시간은 주의력과 경험하는 정보량에 따라 길어지기도 하고 짧아지기도 한다. 신나고 재미있으면 시간이 빨리 흘렀다고 인식하지만 불안하고 괴로울 때는 시간이 더디 간다고 느낀다. 아이슈타인도 말하지 않았던가. "아름다운 여인과 함께 앉아 있는 남자는 한 시간을 1분처럼 느낀다. 하지만 그를 뜨거운 난로 곁에 앉혀두면 1분을 한 시간처럼 느낄 것이다. 이것이 바로 상대성이다."

시간 흐름에 주의를 기울일수록 현재 지각하는 시간의 속도는 느려진다. 반대로 시간을 알려주는 신호에 주의를 기울이지 않으면 의식에서 지각하는 시간 속도는 빨라진다. 괴로울 때는 시계를 자꾸 쳐다보면 안 된다. 의도적으로 주의를 분산시켜야 고통의 시간을 그나마 단축할 수 있다.

프랑스 철학자 폴 자네는 "삶의 길이에 대한 느낌은 살아온 세월과 반비례한다"고 했다. 정말 그럴까? 신경학자 피터 맹건이 다양한 연령의 피험자를 모아 실험했다. 피험자들에게 시계 없이 마음속으로 3분을 헤아리다가 3분이 되었다고 생각될 때 버튼을 누르라고 했다. 피험자 중에서 청년들은 평균 3분 3초에 버튼을 눌렀다. 중년의 피험자가 버튼을 누른 평균 시간은 3분 16초. 노인의 경우 실제 시간이 3분 40초가 되었을 때 비로소 3분이 되었다고 인식하며 버튼을 눌렀다. 같은 3분이라도 연령에 따라 다르게 인식했던 것이다. 노인의 마음에서는 3분이 아직 되지 않았는데 실제 시계는 이미 3분을 훌쩍 넘겼으니 '아, 이렇게 빨리 시간이 흘렀구나'라고 여기게 된다. 노인의 마음속 시계는 더 빨리 돌아가는 것이다.

기억 속의 시간은 현재 경험하는 시간의 속도와는 다른 방식으로 지각된다. 우리는 얼마나 많은 정보를 받아들였느냐에 따라 과거의 시간 흐름을 다르게 인식한다. 의식은 경험 속에 담긴 정보가 많을수록 더 긴 시간이 흘렀다고 느낀다. 새로운 경험 없이 똑같은 일상을 반복하면 이때의 경험은 짧게 압축되고 상대적으로 시간은 빨리 흘러갔다고 인식한다. 과거를 회상할 때 나이에 따라 시간의 속도를 다르게 지각하는 것도 이런 이유 때문이다. 어린이에게는 세상 모든 것이 새로운 경험이다. 그 속에서 습득해야 할 정보도 어른에 비해 상대적으로 많다. 학창 시절 "왜 이렇게 시간이 빨리 안 가지?"라고 여기는 것은 그 시간 동안 경험하게 되는 정보량이 많기 때문이다.

생물학적으로 보면 나이에 따른 시간의 상대성은 생체시계와 도파민의 변화 때문에 생긴다. 우리 몸의 생체시계는 시상하부교차상핵이라는 뇌 부위에 있다. 나이가 들수록 이 부위의 세포가 퇴화하고 도파민 활성도는 저하된다. 이렇게 되면 생체시계는 느려지고 우리의 의식은 상대적으로 세월이 빨리 흘러가버렸다고 인식한다. 도파민은 호기심과 놀라움, 경이감을 느껴야 활성화된다. 나이가 들어도 감동하고 경탄할 일이 많으면 도파민이 더 많이 나오고 마음속 시간도 천천히 흐른다. 어제와 같은 오늘, 오늘과 같은 내일을 지루하게 반복하면 심리적 시간은 번개처럼 지나가버린다. "이 나이에 무슨!"이라며 손사래를 칠 것이 아니라 이제껏 해보지 않은 새로운 경험에 뛰어들어야 정신적으로 장수할 수 있다.

부동산은 사랑이다

톳마루에 앉아 떨어지는 빗소리 듣기를 좋아한다. 비에 젖는 건 싫지만 물과 물이 부딪히는 음파는 사랑한다. 지금은 아파트에 살지만 그래도 비가 오면 베란다 창을 살짝 열어놓고 멍하니 듣는다. 이런 감각에 이끌리는 건 어린 시절 경험 때문이다. 한낮의 햇볕에 따뜻하게 데워진 톳마루에 누워 등을 지지는 느낌도 좋았고 비가 와서 꼼짝하기 싫을 때 그곳에 누워 하늘에서 내려오는 비를 아래에서 위로 쳐다보고 있으면 신비로웠다. 비가 바닥에 맺히며 탁탁탁, 하고 소리내면 마음이 평온해졌다. 그 공간에 있는 것만으로도 '나는 사랑 받는 존재'라고 느껴졌다. 지금은 존재하지 않는 공간이다. 도시계획으로 길이 뚫리며 그 중간에 있던 외갓집은 사라졌다.

존재한다는 것은 다른 사람이 나를 인정해주고 존중해주는 공간을 갖는다는 의미다. 자신이 속할 공간을 갖고 있지 않을 때 인간은 이곳저곳을 기웃거리는 떠돌이의 삶을 살게 된다. 이러한 비극의 결말은 '나라는 사람은 이 세상 어디에서도 뿌리내릴 수 없다'는 무력감에 사로잡힌다는 것이다. 자존감은 심리적 구성물이기 이전에 물리적으로 튼튼한 기반이 있어야 생긴다.

우리는 우리가 사는 땅에 매여 있다. 공간을 소유한다는 것은 심리적으로 건강하게 성장할 수 있는 뿌리가 내릴 자리를 갖는 것이나 마찬가지다. 늘 그 자리에 있는 것이 있기에 인간은 세상을 향해 뻗어나갈 수 있다. 행복은 물리적 장소에 안정적으로 자리 잡고 난 후에야 열리는 열매다.

사람과 사람이 만나 인연을 맺는다고 하지만 꼭 그런 것은 아니다. 우리는 공간과 인연을 맺는다. 타자와 공간을 공유하며 그곳을 함께 가꾸어나가는 것이 바로 사랑을 쌓는 일이다. 영성과 심리학을 한데 묶어 인격 의학을 창시한 스위스 의사 폴 트루니에는 이렇게 말했다. "젊은 부부가 자기 집을 계속해서 꾸밀 수 있을 때 커튼과 가구를 선택하는 것은 그 스타일이 전통적이건 현대적이건 간에 모두 유익한 대화의 기회가 될 것이며 이를 통해 어떻게 서로 관대하게 의견을 주고받을 수 있는지 어떻게 한 사람이 다른 사람을 짓밟지 않으면서 상대방의 다른 취향과 습성과 성격을 인정할 수 있는지를 배울 수 있다." 집을 갖고 꾸미는 것이 결혼 생활의 핵심이라 해도 과언이 아닌 것이다. 사랑은 공간을 통해 싹튼다.

요즘 청년들이 결혼을 꺼리는 원인도 공간 때문이다. 결혼은 사랑일 뿐 아니라 남편과 아내 두 사람이 공유할 장소를, 그들의 친밀한 관계 안으로 받아들이고 싶은 사람들을 초대할 수 있는 장소를 선택하는 것이기도 하다. 이런 장소가 없고 앞으로도 이런 공간을 가질 수 있다는 희망이 사라지면 친밀한 관계 맺기를 포기하게 된다. 내 집을 소유할 수 있다는 믿음이 사라진 세상은 사랑이 사라진 세계나 마찬가지다.

내가 그 사람인 것처럼

"그 사람은 내 마음에 공감할 줄 몰라요. 공감 능력이 아예 없는 것 같아요." 누가 누구에게 하는 말일까? 철천지원수나 성격 이상자에게나 어울릴 법한 묘사 같지만 부부 사이가 나빠서 이혼하고 싶다는 여성 내담자들에게서 자주 듣는 말이다. "내 감정에 공감해주지 못하는 사람과 어떻게 평생을 같이 살 수 있겠어요"라며 배우자와 헤어지고 싶다고 하소연한다.

공감을 방해하는 가장 큰 걸림돌은 남보다 우월한 힘이 나에게 있다는 인식이다. 권력을 가졌다는 인식이 타인의 감정을 읽고 해석하는 능력을 손상시킨다. 직장에서 높은 위치에 오르고 돈도 많이 버는 남편이 아내와는 불통인 채로 지내는 경우를 종종 본다. 사회적으로 얻은 힘에 도취되어 자신도 모르게 공감 능력을 잃어버렸기 때문이다. 원래부터 나쁜 인간이어서 그런 게 아니다. 타인의 아픔을 세심하게 배려했던 사람도 무심하게 변한다. 권력이 인간을 변질시킨다.

사람들의 얼굴이 찍힌 사진을 보여주고 표정에 담긴 감정이 무엇인지 맞혀보라는 실험을 했다. 피험자들에게 "당신은 사회적으로 힘을 가졌는가?"라는 질문에 그렇다고 대답한 사람들은 자신에게 힘이 없다고 인식한 사람에 비해 사진 속에 담긴 사람들의 정서를 읽는 데서 더 많은 오류를 범했다. 권력을 갖고 있다는 믿음이 정서조망수용 능력을 훼손시킨 것이다.

널리 알려진 '쿠키 실험'은 권력을 가졌다는 인식만으로도 인간의 행동이 어떻게 바뀔 수 있는지 보여준다. 세 명의 피험자를 같이 일하게 한 후에 그중 한 명을 무작위로 선정해서 나머지 두 사람이 받게 될 보수를 결정하도록 했다. 세 명 중 한 명에게 권력을 부여한 것이다. 이런 조작을 거친 후에 피험자를 한 곳에 모아 두고 행동을 관찰했다. 그들 앞에 쿠키가 담긴 접시를 놓아두었는데 다른 두 사람의 보수를 결정할 권한을 부여받은 이는 무례한 자세로 쿠키를 나머지 두 사람보다 더 많이 먹었을 뿐만 아니라 부스러기도 더 많이 떨어뜨렸다.

철학자 로먼 크르즈나릭은 《공감하는 능력》에서 "지난 세기가 심리학의 시대였지만 그토록 번성한 심리치료가 늘어나는 우울증의 경감에 도움이 되지 못했다"고 지적했다. 자신의 마음에만 집중하는 내성적 방식으로는 정신문제를 해결할 수 없다는 것이다. 타인의 시각으로 세상을 보고 타인의 삶을 탐구할 때 역설적으로 나는 누구이며 어떻게 살아야 할지 깨닫게 되는 외성의 방식을 강조했다. 21세기는 외성의 시대가 되어야 한다고 그는 주장했다.

공감 능력을 회복하는 출발점도 이와 다르지 않다. 공감 능력이란 타인의 감정을 상상해보고 그것에 적절한 감정으로 반응하는 힘이다. '내가 그 사람인 것처럼' 느끼려고 노력해보자. 상상력을 동원해서 타인의 내면 세계를 자기 마음속에서 재현할 수 있어야 공감의 신경 매커니즘이 활성화된다. 친절과 배려와 겸손 같은 미덕도 자신이 가진 것에서 벗어나 타인의 삶을 적극적으로 상상할 때 실행된다.

3

우울, 불안, 상처로 힘든
이들에게 전하는 말

행복은 그런 게 아니야

마음이 괴로운 이들이 찾아오는 곳이라 그런지 정신과 상담하면서 "앞으로 어떻게 살고 싶어요?"라고 물으면 "행복해지고 싶어요"라는 대답이 가장 흔하다. 무엇 때문에 괴롭냐는 질문에도 "행복하지 않아서요"라는 답이 많다. 이런 말들을 주고받다 보면 "당신이 생각하는 행복은 무엇인가요?"라고 묻게 된다. 나의 환자들은 "우울증이 나아야 행복해진다, 불안이 없어져야 행복할 수 있다"고 말한다. 당연하다. 우울장애와 불안장애를 끌어안고 살기는 어려우니 제대로 진료 받고 관리해서 이런 병이 나아야 행복해질 수 있다. 하지만 증상이 없어진다고 저절로 행복해지는 건 아니다.

게다가 정상적인 우울과 불안까지 없애버릴 수는 없다. 이별하면 슬픈 게 정상이고 시험을 앞둔 수험생은 초조할 수밖에 없다. 우리 인간은 아무 이유 없이 울적한 기분에 빠져들기도 한다. 새로운 자극이 없으면 공허해지는 게 당연하다. 부정적 감정 없이 긍정적 감정만 느끼고 사는 게 정상일 리 없는데도 이런 상태를 간절히 원하는 이들을 종종 본다. 이런 상태가 바로 행복이라고 믿으면서 말이다.

핀란드는 세계에서 가장 행복한 나라다. 2017년에서 2019년까지 행복도 조사에서 연속해서 일등을 차지했다. 그러면 이 나라 국민들은 매일 매일 기분이 좋을까? 매순간을 짜릿하게 느끼며 살까? 그렇지 않다. 가장 행복한 나라지만 우울증에 시달리는 환자도 많다. 그냥 많은 정도가 아니라 우울증 유병률 세계 9위다(2017년 세계보건기구 기준). 다양한 긍정적 감정들에 대해 "어제 그것을 경험했나요?"라는 질문을 토대로 조사기관 갤럽은 138개국의 긍정 정서 경험 점수를 산출했다. 그 결과 파라과이가 1등, 파나마와 과테말라가 각각 2등, 3등이었다. 핀란드는 28등을 기록했다. 행복도 1위 국가 국민이라면 하루하루가 즐거워야 할 텐데 그렇지가 않은 것이다.

행복과 긍정적 감정을 동일시하면 안 된다. 우울증이 있다고 "나는 불행한 사람이야"라고 하거나 정상적인 우울을 느끼는 자신을 향해 "난 왜 행복하지 않지?"라며 비정상으로 착각해선 안 된다.

행복은 단순한 감정이 아니라 복합적 개념이다. 행복도 조사에는 국민소득과 사회적 지지체계, 건강 수명, 자기 삶을 결정할 수 있다는 자유, 관용성, 그리고 사회의 부정부패 정도까지 포함된다. 개인의 정신 승리만으로 얻어지지 게 아니다. 그런데도 유명인이나 멘토라는 사람들이 "행복해지기 위해 노력해라. 행복해야 잘 사는 것이다"라고 한다. 이런 식으로 몰아가면 사람들은 더 불행해진다. 어찌할 수 없는 불운이 닥쳤을 때 우리를 더 큰 고통에 빠뜨린다. 불행하다고 느끼는 자신은 잘못 살고 있다는 죄책감마저 느끼게 된다. 행복하면 좋지만 삶이 언제나 행복일 수는 없다.

세상 사람들이 말하는 행복을 모두 끌어 담는 단 하나의 기준은 없다. 오천만 명이 모여 사는 대한민국에는 오천만 가지의 서로 다른 행복이 있으니 "저 사람은 나보다 더 행복해 보여"라는 환상에 속아서는 안 된다.

언제나 봄일 수는 없다

우리를 불쾌하게 만드는 감정은 몇 가지 안 된다. 정리해보면 우울과 불안, 혐오와 분노, 외로움과 공허. 이게 전부다. 적어도 내가 생각하기에는 그렇다. 내담자들의 사연을 듣고 그들의 마음을 들여다보면 각자의 사연은 다양해도 고통을 불러일으키는 감정은 이 여섯 가지로 모아진다.

환자의 고통을 없애주는 게 의사가 하는 일이니 괴로운 감정을 느끼지 않게 해주는 게 정신과 의사의 당연한 역할이라고 여기겠지만 실은 그렇지 않다. 적어도 마음이 덜 아프게는 해주어야 하는 것 아니냐고 하겠지만, 이게 해답은 아니다.

열이 나는 것은 우리 몸의 자기 보호 기능이니 무조건 해열진통제를 먹고 체온을 떨어뜨리면 오히려 해롭다. 불쾌한 감정을 느끼는 건 마음에서 열이 나는 것이다. 감정이 끓어오른다고 무턱대고 억눌러선 안 된다.

"그렇구나" 하고 알아차리는 게 먼저다. "아이, 짜증나!"라고 소리치기 전에 "시험을 못 봐서 내가 지금 우울하구나"라고 자기감정을 정확히 읽는 게 먼저다. 제대로 알면 불쾌감도 내 편으로 돌려놓을 수 있다. "우울하면 안 돼!"라고 외면하지 말고 "나름대로 노력했는데 결과가 좋지 않아서 우울한 거구나. 이럴 때 우울한 건 자연스러운 거야." 하고 자기 마음을 인정해주는 게 그 다음에 할 일이다. 내가 나를 이해하고 받아들이지 않으면 남들이 아무리 "괜찮아, 힘내!"라고 응원해줘도 귀에 들어오지 않는다.

"우울한 감정은 내가 어떻게 행동하길 바랄까?" 하고 호기심을 가져보면 좋겠다. 불쾌한 감정은 가치 지향적인 행동을 하도록 우리를 자극한다. 우울한 건 싫으니 빨리 기분 좋아지고 싶다고 조급해하면 안 된다. 술이나 도박처럼 즉각적인 쾌감을 주는 것들의 유혹에 쉽게 넘어가게 된다.

우울이라는 감정의 숨은 뜻은 "나에게 잠시 실망했지만 다음번에는 더 나아지도록 힘을 내자"이거나 "비록 결과는 안 좋지만 최선을 다한 자신을 응원해주자"일 것이다. 불쾌한 감정과 친하게 지내는 건 까칠하게 굴지만 자신을 올바른 길로 이끄는 친구를 사귀는 일이다.

"선생님이 시키는 대로 했는데도 여전히 우울해요." 이런 항의도 종종 듣는다. 세상에는 내가 알려준 것보다 더 훌륭한 기법들이 많으니까 쉽게 포기하지 말고 감정과 친해질 수 있게 도와주는 더 좋은 방법을 찾아보자. 그런데 아무리 노력해도 자기 의지대로 움직일 수 없는 것이 감정의 속성이란 것도 잊지 않았으면 좋겠다.

감정은 계절이다. 지금은 따뜻한 봄이지만 등골 서늘해지는 겨울이 반드시 찾아오는 것처럼 감정도 계절처럼 변한다. 추운 게 싫다고 겨울을 몰아낼 수 없듯 아무리 발버둥 쳐도 우울을 완전히 없앨 수는 없다. 매서운 바람이 몰아치는 겨울을 비난할 수 없는 것처럼 우울은 나쁜 게 아니다. 초록이 물든 지금 이 순간을 만끽해야겠지만 어느 순간 나뭇잎은 누렇게 시들 것이다. 서글프지만 우리 마음도 언제나 봄일 수는 없다.

'나는 누구인가?'라는
질문보다 중요한 것

"선생님, 저는 너무 내성적이에요. 외향적인 성격으로 바뀌고 싶어요"라며 정신과 의사를 찾아와 하소연한다. 김 새는 소리지만 "그렇게 변할 수는 없어요"라고 나는 말한다. 모든 인간은 신이 만들어낸 완성품이다. 이미 완성체로 존재한다. 이미 완제품인데 뭘 바꾼다는 말인가!

인간을 이루는 모든 특성에는 양면이 존재한다. 무조건 좋고 무조건 나쁜 건 없다. 내향적인 사람은 세심하게 숙고하며 신중하게 행동한다. 사색하고 기발한 아이디어를 생각해내는 걸 좋아한다. 혼자서도 잘 놀고 일도 독립적으로 척척 해낸다. 이런 장점들을 포기하고 싶은가? 우리 마음을 구성하는 성분에는 허투루 된 것이 하나도 없다.

내향적인 사람이 외향형처럼 행동할 수는 있다. 사교적인 내향형 인간은 자신의 특성을 속이고 살 수 있다. 잠깐 동안 그렇게 할 수 있어도 오래 하면 탈이 난다. 대가를 치르게 된다. 꾸며낸 외향성은 탈진을 부른다. 남들이 뭐라 하건 본성에 어울리게 사는 것이 최고다.

사람들은 못마땅하게 여겨지는 자신의 성향을 고치거나 삭제하고 아니면 아예 다른 것으로 바꿔 넣고 싶어 한다. 하지만 고유한 본성은 편집이 불가능하다. 자기 안에 있는 작은 하나까지 다 받아들여야 한다. 거부하면 진짜를 잃는다.

"마음의 상처를 없애고 싶어요"라는 말도 자주 듣는다. 수술하는 외과 의사처럼 정신과 의사도 마음에 곪은 부위를 제거해줄 거라 믿는 듯하다. 애석하게도 이미 받은 트라우마를 지워버릴 수는 없다. 나무 기둥의 옹이가 보기 싫다고 도려내면 빈 구멍이 생기고 성글어진다. 마음에 난 생채기도 그것만 없애려고 해선 안 된다. 그렇게 할 수도 없지만 상처를 없애는 일에만 매달리면 마음은 더 약해진다. 흠결이 존재해야 자기만의 고유한 울림이 생기는 법이다.

마음을 치료하는 것도 마찬가지다. 우울과 불안만 도려내는 것이 아니라 진정으로 원하는 삶을 살아갈 수 있도록 도와주는 것이 정신과 의사의 일이다. 그러니 정신건강을 돌본다는 것은 "인생을 어떻게 살아야 하는가?"에 대한 답을 찾는 일이라고 할 수 있다.

"나는 누구인가?"라는 질문보다 "어떻게 살 것인가?"라는 물음에 행동으로 답하는 것이 더 중요하다. 운명이 던져준 목표를 향해 헌신할 때 우리는 비로소 진짜 나를 알게 된다.

본성을 억지로 바꾸려 하지 말고 행동으로 자신을 세상에 펼쳐 보여라. "내게 없는 장점을 만들어낼 거야"라고 하지 말고 이미 자기 안에 존재하는 수많은 강점들을 드러내며 살면 된다. 이렇게 살다보면 나는 여전히 나이면서 다른 존재로 성장해나갈 것이다.

우울한 사람이 많이 쓰는 말

우울하면 생각의 초점이 자신에게 모아진다. 자기 마음에만 집중하는 것은 우울증 환자의 특징적인 사고 습관이기도 하다. 우울증 때문에 앞으로 나는 아무 일도 못 할 거라고 속으로 곱씹고 '난 정말 우울해, 이 세상 누구보다 내가 제일 힘들어'라며 감정만 파고드는 것이다. 내가 왜 우울증에 걸렸는지 자기 안에서만 원인을 필사적으로 찾으려는 이들은 그 기분에서 못 빠져 나온다. 나에게 집착할수록 우울감은 더 커진다.

우울할수록 나라는 인칭 대명사를 더 자주 쓴다. 오랫동안 상담하면서 우울증 환자의 언어 습관을 관찰해보니 그랬다. 마음이 아프니까 나를 주어로 말을 많이 할 수밖에 없고 그러니 이런 현상이 관찰되는 것은 당연할 테다. 그런데 흥미로운 점은, 부정적 감정을 표현하는 단어보다 "내가… 나는… 나를"이라는 일인칭 단수 대명사의 사용 빈도가 우울증을 더 정확히 예측한다는 것이다. 이것은 임상 연구들을 통해서도 확인된 바다. 우울의 심도가 깊을수록 그 사람의 말이나 글에서 나라는 표현이 많이 발견된다고 한다.

참고로 분노에 찬 사람은 나보다 너, 당신 같은 이인칭이나 그녀, 그, 그들처럼 삼인칭 대명사를 더 많이 쓴다. 화가 나면 자신을 들여다보지 않고 자기를 열 받게 한 대상에게 생각의 초점이 맞춰지기 때문이다. 의지와 상관없이 사고가 흐르는 방향을 감정이 꺾어 놓는 것이다.

병이 났거나 통증이 심해져도 나를 더 사용한다. 신경이 온통 자신에게 모아지기 때문이다. 비록 연구 대상자 수가 적기는 했지만 자살한 시인 아홉 명과 그렇지 않은 아홉 명의 시를 분석한 결과를 봤더니 부정적 감정 단어는 두 그룹에서 차이가 없었지만 나라는 표현은 자살한 시인들의 작품에서 훨씬 더 흔하게 나타났다고 한다.

나빴던 기억을 떠올리면서 글을 쓰라고 하면 좋은 추억을 회상할 때보다 나라는 단어를 자기도 모르게 더 자주 사용하게 된다. '내가 도대체 왜 그렇게 했을까? 지금 힘든 건 내가 그때 잘못된 선택을 했기 때문이야'라며 과거를 되새김질하는 생각 습관을 반추라고 한다. 실수에서 교훈을 얻고 해결책을 찾는 건 반성이다. 지나간 잘못만 곱씹으면 반추다. 반추는 하면 할수록 우울해진다. 우리는 종종 반추를 반성이라 착각한다.

우울증에서 벗어나면 일인칭 단수 대명사를 덜 쓴다. 관심의 범위가 가족과 친구, 주변의 사물과 공간, 그리고 호기심이 생기는 미지의 대상으로 확대되기 때문이다. 일에 몰두해도 그렇다. 눈앞의 과제에 집중하느라 나에게는 덜 신경 쓰기 때문이다. 마음을 괴롭히던 문제에만 집착했던 환자가 잘 치료되어 좋아지고 나면 "지금까지 고민했던 내 안의 문제들이 이제는 남의 일처럼 느껴져요"라고 한다. 이런 말을 자주 듣다 보니 나에게서 벗어날 수 있는 능력을 키우는 것이 우울증 치료의 중요한 목표 중에 하나로구나, 하고 깨닫게 됐다.

생각이 온통 나에게 쏠린다면 '아, 내 감정 상태가 우울하구나!' 하고 알아차리고 지금 이 순간 내게 진짜 중요한 일은 무엇일지 관점을 옮겨보자. 글쓰기 숙제를 해결하고 말만 하고 실천하지 않았던 운동을 하고 시험공부를 다시 시작하는 행위를 통해 나에게 모아졌던 생각이 다른 곳으로 흩어지면 우울한 기분도 서서히 걷힐 것이다.

그게 다 성격 탓일까?

진료실 책상을 마주 하고 앉아 한참 동안 이야기를 들었는데 '도대체 이 분이 정신과에 온 이유가 뭘까?' 하고 의아해졌다. 오래 듣고 난 뒤에 이렇게 질문을 하는 게 죄송하기는 했지만 "제가 어떻게 도와드리면 좋을까요?"라고 물었다. '의사가 그걸 왜 상담 받으러 온 나에게 묻나?'라는 어리둥절한 표정을 지으며 이렇게 대답했다. "저를 괴롭게 만드는 그 사람이 어떤 성격인지 알고 싶어서 왔어요!"

정신과 의사의 일이란 눈앞에 있는 이의 곤경에 조금이나마 도움을 주는 것이지 본 적도 없는 사람을 제삼자의 이야기만 듣고 판단하는 것은 아니다. 그런데도 비슷한 상황을 종종 접한다. 하루가 멀다 하고 부부 싸움 중인 아내가 "우리 남편은 성격이 이상한 것 같아요"라고 하는 말도 자주 듣고 자신을 괴롭히는 직장 상사가 사이코패스인지 확인하고 싶어서 전문가 의견을 들으러 왔다는 사람도 만난다. 그러다 보니 '정신과 의사도 역술가나 점쟁이처럼 사주를 알거나 그 사람이 쓰던 물건으로 운명을 알려줄 수 있어야 하나?'하고 엉뚱한 상상을 해보기도 한다.

갈등하고 반목하는 상대의 성격이 궁금해지는 건 자연스러운 심리다. 한 사람 성향을 잘 알면 설득하거나 싸워서 이길 수 있다고 여기니까 자신과 갈등상태에 있는 대상의 성격을 파악하고 싶어지는 게 당연하다. 성격 검사가 유행하는 이유도 자기뿐만 아니라 자신이 미워하는 타인의 성격을 분석하고 싶은 동기도 한몫 했을 테다. 그런데 이런 심리에는 늘 함정이 도사리고 있다.

자기 잘못에 대해 설명할 때는 상황 때문에 어쩔 수 없었다고 하고 타인의 실책은 성격 탓이라고 믿는 심리적 편향에서 우리는 자유로울 수 없다. 새로운 제안을 받아들이지 않는 부하 직원에게 직장 상사가 융통성 없고 고집 센 그 성격 좀 고치라고 핀잔하거나 매사에 자식 걱정하는 아내를 두고 남편이 예민한 성격이 문제라고 한다. 그런데 부하 직원의 말을 들어보면 "아버지가 편찮으셔서 마음에 여유가 없었어요"라고 말하고 아내는 "요즘 우리 딸이 남자 친구와 헤어지고 우울해해서 걱정이에요. 남편 성격이 원래 무심하고 정이 없어요"라고 한다. 이건 모두 행위자-관찰자 귀인 편향이라는 심리적 덫에 걸려 있는 것이다. 같은 행동이라도 당사자는 상황을 원인으로 꼽고 관찰자는 행위자의 내면에서 원인을 찾는 심리 경향을 일컫는다.

심리 전문가도 종종 이런 함정에 빠진다. 어떤 정신과 교수님은 입버릇처럼 "그 사람은 성격이 어떠하기 때문에 이런 저런 문제가 생기고…"라고 자주 말했는데 정작 그 분 주위에서는 갈등이 끊이지 않았다. 성격을 정확히 분석할 줄 알아도 현실에서 일어나는 갈등의 원인을 성격에서만 찾으면 그 갈등은 풀기 어렵다. 성격 때문이라고 여기면 변하지 않을 거라 예상하게 되고 상대가 근본적으로 문제가 있다고 느끼게 되니 좋은 감정이 생길 리 없다.

"그 사람 성격이 원래 그렇잖아"라고 말하지 말고 '합리적이고 이성적이며 품위 있는 사람이 도대체 무엇 때문에 그렇게 행동하게 되었을까?'라고 상상력을 발휘해보자. 아울러 '상대를 기분 나쁘게 만드는 내 행동은 무엇일까?'라고 자신을 관찰해보면 좋겠다.

갈등은 나쁜 것이 아니다. 적당한 갈등 속에서 사는 법을 익히는 것이 인생 교육의 요체다. 우리 마음은 갈등을 겪어야 성장한다. 삶의 지혜는 갈등에서 얻게 되는 보물이다. 성격 때문

에 갈등이 생기는 게 아니고 갈등 덕분에 계발되는 것이 성격
이다.

우울증이 잘 낫지 않은 이유

우울증을 마음의 감기라고 한다. 누구나 걸릴 수 있기 때문이다. 감기처럼 쉽게 나을 수 있다는 암시도 담겨 있다. 그런데 현실은 다르다. 누구나 스트레스 받고 우울해지지만 우울장애는 전체 인구의 10%만 걸린다. 잘 치료 받으면 완치된다고 하지만 이것 또한 진실이 아니다. 전체 환자 중 삼분의 일은 치료에 반응하지 않는다. 치료 효과가 좋아도 우울증상이 완전히 없어지지 않는 사례가 많다. 우울증이라는 질환이 광범위하게 퍼져 있는 것 같지만 자세히 따져보면 그렇지 않고 치료 받아도 나아지는 정도가 제각각인 이유는 여럿 있다. 그중에서 우리가 간과하기 쉬운 것은 우울증의 복잡성이다. 기쁨이 사라지고 호기심과 의욕을 잃고 집중력이 떨어지고 비관적 생각에 사로잡힌다고 해서 다 같은 우울증이 아닌데도 우울증이라는 이름 아래 뭉뚱그려 단순화하기 때문이다.

연인과 이별하고 가족을 저 멀리 떠나보내면 일시적인 우울증에 빠진다. 갑자기 직장에서 해고당하면 죽음과 맞먹는 심적 고통에 시달릴 수밖에 없다. 이런 상태는 그것이 아무리 심각해 보여도 우울증에 걸렸다고 속단하면 안 된다. 인간은 정서적 동물이므로 상실과 좌절을 겪은 후에 우울해지는 것이 정상이다. 성급하게 벗어나려고 하면 오히려 덧난다. 기다림의 시간이 필요하다. 이런 상태를 두고 굳이 우울증이라는 이름을 붙여야 한다면 '상황적 우울증'이라고 부를 수 있겠다.

스트레스가 지나가고 적응할 만한 시기가 되었는데도 슬픔과 절망에서 벗어나지 못하고 극단적 생각에 빠져 있다면 다른 차원의 우울증을 의심해야 한다. 무기력과 무감동이 지속되고 먹고 자는 데 이상이 있다면 '생물학적 우울증'이 생긴 것이다. 정신적 트라우마를 겪고 지속적인 고난에 시달리면 안도감과 활력을 일으키는 신경전달물질인 세로토닌과 노르에피네프린의 활성도가 저하된다. 이때는 활기를 되찾기 위한 항우울제처방과 행동활성화기법을 병행하는 치료가 필요하다.

약물 치료에도 불구하고 비관적 사고가 가시지 않고 사소한 자극에도 불쾌감에 시달리며 심한 우울감이 반복된다면

'인지적 우울증'을 다뤄줘야 한다. 외부 현실과 내면 정서를 대하는 비효율적인 사고방식이 문제다. 완벽하지 못한 세상과 자신을 끊임없이 비난하고 애써 봐야 달라지지 않는다는 생각습관이 우울증을 부른다. 자기 생각을 객관적으로 관찰하고 현실에서 유용하게 작동하는 사고방식을 갖도록 훈련한다.

"인생이 허무해요. 내 삶이 어디로 흘러갈지 앞이 보이지 않아요." 이것은 '실존적 우울증'을 앓고 있는 이들의 흔한 호소다. 번듯한 직업을 갖고 세속적인 성공을 이뤄도 마음은 공허하다. '그것은 진정으로 내가 원한 것이 아니었다'는 느낌을 떨칠 수 없다. 실존적 우울증은 자신의 진정한 잠재력을 찾아 유한한 삶 안에서 그것을 실현하기 위해 최선을 다할 때 사라진다. 인생이 나에게 던진 질문에 행위로 응답할 때 치료된다. 약과 상담만으로 해결되지 않는 인생 숙제다.

우울증은 복잡하다. 환경과 생물학적 요인의 복합체이며 생각과 현실의 충돌, 실존적 갈등에서 비롯된다. 단순하게 해결되지 않는다. 약과 상담도 필요하지만 자기 성찰과 헌신, 그리고 진중한 기다림을 통해야만 풀린다. 우울증 치료를 만만하게 보면 안 되는 이유다.

마음을 괴롭히는 생각 습관

생각은 유쾌한 친구가 아니다. 끊임없이 "이것 조심해라, 저것 하지 마라"고 다그친다. 눈을 감고 자기 마음을 관찰해보면 '아! 인생은 아름다워'라는 생각보다 지난날의 후회와 앞날의 걱정이 더 많다.

우리 마음은 생각을 생산하는 공장이다. 사람들이 얼마나 많은 생각을 하는지 조사한 연구 결과를 보면 잠자는 시간을 제외하고 깨어 있는 16시간 동안 4000가지 정도의 생각이 머릿속에 떠올랐다가 사라진다고 한다. 쓸데없는 생각을 많이 하는 사람에게 "오만 가지 생각을 다 하고 있네"라고 하지 않나. 오만 가지까진 아니어도 우리 뇌는 끊임없이 생각을 만들어내기 때문에 생각하기를 억지로 멈출 수가 없다. 오히려 "무

겸손한 공감

슨 무슨 생각을 하지 마"라고 하면 그 생각을 더 많이 하게 된다. "핑크 색깔 코끼리를 생각하지 마라"고 하면 오히려 핑크색 코끼리가 머릿속에 착 달라붙는다. 이를 생각억제의 역설이라고 한다. 생각을 통제하려 들수록 별 효과가 없을 뿐더러 나중에는 더 괴로워진다.

우울증 환자의 특징적인 생각 습관 중 하나가 바로 반추다. 우울증에 걸린 중년 여성이 흔히 하는 말 중에 이런 게 있다. "결혼하자마자 시어머니가 나를 어찌나 괴롭혔는지… 명절이나 제사 때만 되면…" 마치 어제 일처럼 생생하지만 시어머니는 이미 돌아가시고 없다. 십 년도 지난 일인데 "남편이 바람을 피워가지고 내 속을 얼마나 긁었는지…" 이때 기억이 지금 있는 일처럼 떠올라 남편만 보면 버럭 화가 난다. 반추 때문에 고통에서 벗어나지 못하는 것이다.

마음을 괴롭히는 또 다른 생각 습관에는 예기 불안이 있다. 가슴이 조금만 답답해도 '이러다 심장 마비로 죽는 것 아니야'라고 염려하고, 직장 상사에게 제출할 보고서에 조그만 실수 때문에 '회사에서 잘리는 것 아니야'라고 극단적 결과를 미리 상상한다. 생각은 생각에 불과한 데도 생각을 현실처럼 받아들이기 때문에 괴로움에 빠지는 것이다.

반추와 예기불안을 다스리는 첫 번째 방법은 알아차림이다. '내가 왜 저 따위 인간과 결혼했을까?'라고 생각이 자꾸 과거로 돌아간다면 '나는 지금 반추에 빠져 있구나.' 하고 알아차려야 한다. '나쁜 일이 생기지 않을까, 일이 잘못 되면 어쩌지'라고 염려에 빠지면 '지금 내가 하는 생각은 예기 불안이구나.' 하고 자신의 생각을 객관적으로 인식하는 것이다. 알아차림만 잘 해도 부정적 생각을 떨쳐내는 데 절반은 성공한 셈이다.

생각은 생각이 아니라 신체 감각으로 다스려야 한다. 지금 현재의 감각 경험에 몰입하면 생각을 비울 수 있다. 창밖으로 들리는 빗소리를 집중해서 듣고 식탁 위에 차려진 된장찌개의 향과 색, 맛과 식감 하나 하나에 주의를 기울이는 것이다. 음악 소리도 그냥 흘려듣지 말고 악기와 노랫소리를 세밀하게 구분해서 들어보기 바란다. '좋다, 싫다'라고 판단하지 말고 있는 그대로의 느낌에 주의를 기울여 집중하면 된다.

단순 반복 행동에 몰입하는 것도 좋다. 늦은 밤에 갑자기 몇 년 전에 들었던 모욕적인 말이 떠올라 괴롭다면 '왜 그때 바보처럼 그 말을 듣고만 있었을까!'라며 한탄하지 말고 콩나물 꼭지를 따고 털실로 양말을 짜고 다리미질을 하는 것이다. '생각은 생각이 아니라 신체로 조절하는 것이다'라는 사실을 잊지 말고 나쁜 생각 습관은 몸으로 떨쳐내야 한다.

상처는 어떻게 아무는가

"사랑 받고 싶어요." 오늘 하루 상담을 하면서 서로 다른 세 명의 내담자에게 똑같은 말을 들었다. 모두 건장한 이십 대다. 세속적인 기준으로 보면 사랑 받을만한 조건들을 갖고 있었다. 모두 학벌 좋고 넉넉한 집안에서 나고 자랐다. 또래 사이에서 인기 끌만한 매력도 많았다. 말솜씨 좋고 표정이 풍부하고 외모도 준수했다. 그런데도 그들은 사랑 받고 싶다며 울었다. 상처 때문이다. 마음의 상처가 아물지 않았기 때문이었다.

저마다 상처가 있었다. 일 하느라 자신을 돌봐줄 시간이 없었고 감정적으로 냉담했던 어머니 때문에, 세속적으로는 큰 성공과 부를 이뤘지만 술에 취해 폭력을 휘둘렀던 아버지 때문에, 사춘기 시절 뚱뚱했던 자신을 놀리며 괴롭히던 친구들 때문에 생긴 상처였다. 이 모든 상처가 "사랑 받고 싶어요"라는 호소로 모아졌다. 사랑 받고 싶다는 간절한 바람은 "나는 너무 아팠어요"라는 외침이었고 "또 다시 상처 받고 싶지는 않아요"라는 절규였다.

그렇게 상처를 안고 살았던 그들이 현실에서는 면접에서 탈락하고, 직장 상사가 자신의 업무 성과를 비난하고, 첫 눈에 반한 연상의 여인에게 작은 선물을 주며 자기 마음을 내보였지만 차가운 말로 퇴짜를 맞았다며 한결같이 "나도 사랑 받고 싶어요"라고 아이처럼 눈물을 흘렸다. 거부당하고 거절당할 때마다 마음의 시계는 휘리릭 하고 상처의 그 순간으로 되감겨 돌아갔다. "그때 충분히 사랑 받았더라면 이런 일에 무너지지 않았을 거예요. 상처만 없었다면 지금의 나는 자존감 높고 행복한 사람이 되었을 거예요"라고 하면서.

상처에만 매달려서는 상처에서 자유로워질 수 없다. 과거의 상처에서 벗어나려면 상처를 있는 그대로 받아들일 수 있어야 한다. 물론 이게 말처럼 쉽지 않다는 걸 잘 안다. 하지만 과거로 자꾸 파고든다고 마음의 상처가 낫는 것은 아니다. 그저 묵묵히 그 아픔을 다시 거둬들이는 길 밖에 우리가 할 수 있는 일은 없다. 상처의 고통에서 벗어나 활기를 되찾기 위해서는 너무 오랫동안 곱씹어서 단물 다 빠진 껌처럼 되어버린 과거의 상처를 반복하는 것보다 다가올 미래를 말로 그려보는 게 더 중요하다.

마음의 상처를 품고도 우리는 앞으로 나아갈 수 있다. 아름다운 삶을 살기 위해서는 상처에도 불구하고 어떻게 살아갈 것인가에 대한 나만의 이야기가 필요하다. 그 이야기에 따라 우리는 행동하고 성장한다. 고아처럼 버려지고 상처 받은 아이가 그 누구도 가지 않은 길로 여행을 떠나 장애물을 뛰어넘고 훼방꾼을 무찌르는 동안 전사가 되어가는 그런 이야기 말이다.

상처는 사라지지 않고 마음에 남아 "나는 누구이고 무엇을 좋아하고 무엇을 위해 살아야 하는지" 알려주는 신호가 된다. 그 신호는 아름다운 음악이 아니라 고막을 찢는 경적이어서 큰 대가를 치러야만 의미를 이해할 수 있다. 상처는 목표를 만든다. 사랑 받지 못한 상처는 사랑 받기 위해 나를 움직이고, 사랑 받을만한 사람이 되도록 노력하게 만들고, 타인에게 사랑을 나눠줄 수 있을 만큼 나를 성장시킨다. 자신을 사랑해야 행복해진다고 말하지만 그것보다는 타인을 향해 사랑을 나눠주고 사랑하는 사람을 위해 희생할 때 비로소 행복해질 수 있다.

상처를 없애려고 애쓰는 것이 아니라 주어진 소명에 전념해야 마음의 상처가 아문다. 상처를 받아들이고 주어진 책임을 다할 때 나라는 사람은 어제보다 조금 더 성숙해진다. 자신에게 주어진 삶의 조건들을 아프더라도 받아들이고 삶이 던져준 소명에 헌신할 때 마음의 상처로부터 벗어날 수 있다.

식욕은 어떠세요?

정신건강의학과 의사가 환자에게 흔히 하는 질문들이 있다. "기분이 어떠세요? 스트레스를 느꼈던 일이 있었나요? 잘 주무세요?" 같은 것이다. 또 하나 빠지지 않고 물어보는 질문이 있는데 그건 바로 "식욕은 어떠세요?"다.

우울해지면 먹고 싶은 마음이 생기지 않는다. 심하면 몸무게가 줄어든다. 체중이 5% 이상 감소하면 유의미한 우울증상 중 하나로 간주한다. 우울증에 빠지면 의욕과 흥미가 사라지니 식욕도 줄어드는 게 당연하다고 여겨지겠지만 그 반대 양상도 흔하다. 식욕이 증가하고 폭식하는 환자도 있다. 부정적인 기분 때문에 괴롭다고 하면서 평소보다 오히려 더 많이 먹으니 주변 사람들은 '진짜 우울증이 맞나?' 하며 의구심을 갖기도 한다. 주요우울장애의 15~30%를 차지하는 비정형 우울증은 많이 먹고 많이 자는 게 특징이다. 그러니 신체 건강에 별다른 문제가 없는데 식욕 변화가 생겼다면 우울증이 아닌가 의심해봐야 한다.

온종일 직장에서 시달린 날에는 유난히 치킨이 먹고 싶어지는 경험, 누구나 해봤을 거다. 스트레스 받으면 매운 떡볶이나 달달한 초콜릿이 당긴다는 이들도 많다. 정서적 허기 때문에 생긴 현상이다. 식욕이 솟구치고 맵고 달고 짠 맛의 자극적 음식이 생각나고 아무리 먹어도 포만감은 안 생기고 죄책감이 느껴지면 정서적 허기에 휘둘린 것이다. 감정적 불만족에서 비롯된 식욕과 정상적인 허기를 구분해야 한다. 브로콜리 테스트를 해보면 알 수 있다. 음식이 막 당길 때 스스로에게 "나는 브로콜리라도 먹을 것인가?"라고 물어서 "그렇다"라고 하면 정상적인 식욕을 느끼는 것이고 "아니요"라면 정서적 허기다.

업무가 밀려서 점심 식사를 거르고 저녁마저 간식으로 대충 때우고 야근했다면 늦은 밤 집에 와서 심한 허기를 느낄 수밖에 없다. 그런데 밤마다 식욕 억제가 안 되고 폭식한다면 야식 증후군을 의심해야 한다. 하루 전체 칼로리의 25퍼센트 이상을 저녁 이후에 섭취하고 일주일에 두 번 이상 자다 깨서 음식을 먹는다면 여기에 해당한다. 이런 환자는 아침에는 식욕이 없고 밤만 되면 먹고 싶은 충동이 커진다. 낮 동안 일하느라 스트레스가 잔뜩 쌓였는데 코로나바이러스 때문에 풀 수 있는 길이 막혔다고 하면서 욕구 불만을 음식으로 해결하는 사람이 늘었다. 야식 증후군도 감정적 불만족에서 비롯된다. 밤에 폭식하면 수면의 질이 나빠지고 위식도 역류질환이 생긴다. 비만 환자의 10% 정도가 야식 증후군을 갖고 있다. 심신에 해롭다는 것을 잘 아는 데도 야식의 유혹을 이겨낼 수 없다고 하소연한다.

무조건 안 먹겠다고 하기 보다는 바나나, 사과즙, 견과류로 허기를 살살 달래는 게 좋다. 오이, 당근, 토마토처럼 몸에 부담 주지 않으면서 포만감을 주는 채소를 많이 먹는 것이 좋다. 마음챙김 식사도 좋다. 음식을 먹고 있는 순간에 집중하는 것이다. 미각뿐 아니라 시각과 후각을 총동원해서 요리가 제공하는 아주 작은 감각도 놓치지 않고 음미하며 천천히 먹는다. "식욕 조절이 안 돼요"라는 이들을 상담해보면 정서적으로 메말라 있고 일상에서 재미를 못 느끼고 있다는 것을 발견하게 된다. 먹는 것만 참는다고 해결될 문제가 아니다. 자기 마음이 원하는 것을 찾아 그것에 몰두하며 감동을 느껴야 활활 타오르는 식욕도 누그러든다.

여린 마음을 고치고 싶다면

"어떻게 하면 여린 마음을 강하게 만들 수 있을까요?" 사회생활을 막 시작한 이십 대 여성이 물었다. 정규직 전환을 바라는 인턴이었다. "너는 마음이 너무 여려서 일을 제대로 해내지 못할 것 같다"라는 회사 부장의 말을 듣고 불쑥 눈물이 날 것 같았는데 꾹 참았다고 했다. 업무 능력을 키우거나 더 열심히 일하라고 하면 어떻게든 노력해 보겠는데 천성을 바꿔야 정규직이 될 수 있는 거라면 너무 막막하다며 혼란스러워했다. 자기 마음이 여린 것을 어떻게 금방 알아챘는지 모르겠다며 직장 상사가 관심법을 쓰는 궁예나 되는 것처럼 말했다.

큰 회사의 부장쯤 되면 사람 성격을 꿰뚫어 볼 수 있을까?

나이 좀 들고 사회에서 어느 정도 위치에 오른 이가 "내가 사람 보는 눈이 있다. 척 보면 안다"고 말하는 걸 가끔씩 듣는다. 하지만 이렇게 말하는 사람치고 인간을 진정 깊이 이해하는 이를 나는 보지 못했다. 자기 생각이 언제나 옳다고 확신하는 사람일수록 "너는 무슨 무슨 성격이다"라고 함부로 단정한다. 이런 사람과 가까이 지내면 알게 모르게 마음에 상처 입기 쉽다. 부장이 아니라 부처님도 사람의 성격에 대해 확실하게 말해 줄 수는 없다. 정신 분석이 정확할 거라고 믿으면 안 된다. 인간의 마음은 우주와 같은데 먼지 같은 인간이 어떻게 다 알 수 있겠는가.

불안해지면 다른 사람이 자기 마음을 꿰뚫어보는 것처럼 느끼게 된다. 우울할 때는 그럴만한 계기가 없는데도 남들이 자기 약점을 다 알 것처럼 느낀다. 부정적 감정이 잘못된 생각을 진실인양 믿게 만든다. 이건 누구나 경험하는 보편적 심리 현상이다. 권력을 쥔 사람이 약한 자기 마음을 간파하고 있는 것처럼 느껴진다면 그건 그 사람이 대단해서가 아니라 자기 마음이 불안하기 때문이다. 누군가가 자기 성격을 꿰뚫는 것처럼 여겨지면 "아, 지금 내 자신감이 많이 떨어져 있는 건 아닌가? 내 감정이 우울한 건 아닌가?"를 확인하는 게 먼저다.

한 사람의 성격은, 자기 자신을 포함해서 그 누구도 확실히 알 수 없다. 그럼에도 '내 성격은 여리다'고 단순하게 개념화하는 것이 문제다. 그런 자기 개념에 맞춰 마치 그런 사람인 것처럼 무의식적으로 행동하게 되기 때문이다.

자기 마음을 뚫어지게 관찰한다고 더 나은 사람이 되는 것도 아니다. 자기 내면에만 과도하게 주의를 기울이면 자연스러운 본성을 마치 문제인 것처럼 잘못 낙인찍는 함정에 빠진다. 나를 본다는 것은 우물 아래를 들여다보는 것과 같아서, 너무 깊이 알려고 몸을 우물 안으로 기울이면 컴컴해서 아무것도 안 보인다. 그러다 잘못 하면 헤어 나오지 못할 수도 있다.

백 번 양보해서 정말로 마음이 여리다고 해도 상관없다. 센사람도 속에는 여린 본성을 감추고 있게 마련이다. 비수가 날아들어도 눈물 한 방울 안 흘릴 것 같았는데 "진짜 성격은 참여리군요"라고 넌지시 물으면 백이면 백 "맞아요. 어떻게 아셨어요? 겉으로만 강한 척 했지 속은 안 그래요"라고 한다. "어제도 멜로드라마 보면서 혼자 울었다니까요!"라면서.

성격 테스트로 약점을 파악하고 그것을 고쳐보겠다고 자신을 들볶아도 본성은 쉽게 달라지지 않는다. 상담을 받아도 천성이 금방 변할 리 없다. 있는 그대로의 자기를 받아들이고 아껴줄 때 비로소 인간은 조금씩 여물어가는 법이다.

겸손한 공감

공감은 본능이다. 타인과 협력했기 때문에 인류는 진화했다. 사회와 문화가 발전한 것도 공감능력 때문이다. 하지만 우리는 이 능력을 제대로 발휘 못 하고 산다. 본능인데도 그렇다. 왜 그럴까? 우리가, 우리 사회가 너무 지쳐 있기 때문이다. 탈진에 빠지면 공감하기 어려워진다. 아무리 선한 마음을 갖고 있어도 심신이 지치면 타자의 마음에 닿을 수 없다. 스트레스 받고 노동으로 피로가 쌓이면 공감은 제대로 작동하지 않는다. 이것이 보통 인간의 한계다.

공감능력은 유한자원이다. 공감능력을 너무 자주, 너무 많이 쓰다보면 공감 피로에 빠진다. 타자의 아픔에 초점 맞춰 그들의 마음을 상상하며 같이 느끼다보면 정신 에너지는 금세

바닥난다. 정서적 소진 현상이 일어나기 때문이다. 암환자나 치매 어르신을 돌보는 가족, 중환자를 치료하는 의료진, 울고 싶어도 웃어야 하는 감정 노동자는 공감 피로에 취약하다.

공감능력이 훼손되는 또 다른 원인은 권위다. 유명한 밀그램 연구가 이를 증명했다. 실험실 안에 있는 학생에게 단어를 읽게 했다. 밖에서 지켜보던 피험자는 학생이 읽기를 잘못하면 전기 충격기의 버튼을 눌러야 한다고 지시를 받는다. 실제로 전기 충격이 가해지지는 않았지만 피험자가 버튼을 누르면 실험실 안의 학생은 고통스러운 척 연기를 했다. 이 사실을 모른 채 피험자는 괴로워하는 학생을 밖에서 지켜봐야 한다. 공감 능력이 제대로 작동하는 사람이라면 그깟 단어 좀 잘못 읽었다고 충격기의 버튼을 쉽게 누르지 못할 것이다. 사지를 뒤틀며 괴로워하는 모습을 보면 버튼에서 손을 떼야 마땅하다. 하지만 65%의 피험자가 그렇게 하지 않았다. "규칙을 엄격하게 따라야 한다. 당신에게 선택권은 없다. 계속하라"는 연구자의 권위적 지시에 복종하며 전기 충격을 계속 가했다. 권위가 공감이라는 자연스러운 본능마저 꺾어버린 것이다.

정신과 의사인 내게도 누군가의 아픔에 공감하는 것은 무척 힘든 일이다. 부끄러운 말이지만 "당신의 고통에 저도 공감하고 있습니다"라고 말해놓고 나중에 '제대로 공감이 전달되었을까?' 하고 왕왕 되돌아본다. 공감을 두고 직접 경험해본 사람만 가질 수 있는 마음 상태이고 똑같은 상황을 체험해보지 않고는 타자의 마음을 처절하게 이해할 수 없다고 말한다면 공감은 달성 불가능한 과업이다. 그 누구도 자기 외의 다른 이와 똑같은 삶을 살 수 없다. 최선을 다해 타인의 마음을 이해할 수는 있어도 완전한 공감에 이를 수 없다. 함부로 공감했다고 자신해서는 안 되는 이유다.

동정에 찬 언행을 해놓고 진심으로 공감했다고 우기는 건 최악이다. 동정이 내 삶을 파괴하지 않을 정도로 적당히 남을 걱정하는 것이라면 자기 삶을 던져 타인의 고통과 함께하는 것이 공감이다. 그럴듯한 말로 위로하지만 속으로는 '저 사람을 보니 나는 아직 괜찮게 살고 있네'라고 우월감을 느낀다면 동정하고 있는 것이다.

얄팍한 동정을 베풀어놓고 공감한 것처럼 떠벌리는 이들이 넘쳐난다. 타자가 과거의 상처에서 벗어나 미래를 향해 성장해나갈 수 있도록 돕는 게 공감의 진정한 목표다. 하지만 동정하는 자는 이것을 바라지 않는다. 비탄에 빠진 타자를 공감하는 척하며 자신의 힘을 키우려 한다. 권위에 취해 공감능력은 잃어버린 채 약자의 아픔을 함께 나누고 있다고 외치는 자에게 속지 않아야 한다.

스스로 슬픔을 달래는 법

스트레스의 원인은 다양하지만 본질은 늘 같다. 통제할 수 없다는 지각 때문이다. 일 때문에 생긴 스트레스도 마찬가지다. 밤 새워 일해도 스스로 업무를 조절할 수 있다고 믿으면 스트레스를 덜 느끼지만 정시에 퇴근해도 직무 결정권이 없다고 느끼면 스트레스는 커진다. 자기 행동의 원천이 자신에게서 비롯되기를 원하는 것이다.

자율적으로 결정한 일과 놀이를 할 때 우리는 최고로 몰입하고 만족감을 느낀다. 사람만 그럴까? 비둘기나 쥐도 스스로 레버를 눌러 먹이 얻는 것을 더 좋아한다. 자율성은 모든 유기체의 본능적 욕망이다.

"속 시원히 털어놔!" 내담자 옆에 앉아 있던 어머니가 말했다. 정작 상담하러 온 이십 대 여성의 입은 꾹 닫혀 있다. 표정까지 굳었다. 내담자의 어머니는 확신에 찬 얼굴로 이렇게 덧붙인다. "연애하면서 힘들었던 일들을 상담하면서 다 쏟아내. 그렇게 하면 이별의 상처가 깨끗하게 치유되지 않겠어?" 이쯤 되면 당사자가 입을 열어도 상담이 긍정적으로 흐르기는 어렵다. 권위를 내세워 강제하면 방어만 커지고 심리적 문제는 악화된다.

2001년 미국 911 테러 이후 수천 명에 이르는 희생자와 목격자, 구조 인력에게 치명적 사건 스트레스 경험 보고를 하도록 했지만 이것이 외상후스트레스장애를 예방하지 못하고 일부에서는 고통스러운 감정 기억을 오히려 더 각인시키는 역효과가 나타났다는 논문이 발표되기도 했다. 자극적인 감정을 유발하는 이미지를 보여주고 그 느낌을 표현하거나 또는 표현하지 못하도록 지시하는 경우보다 그렇게 할지 말지 스스로 결정할 수 있게끔 했을 때 심리적 충격을 더 잘 처리한다. 정서 조절과 문제 해결에 대한 선택권이 자기 자신에게 있다고 믿어야 치유가 이뤄진다.

오래 사긴 연인과 헤어지고 나서 회사에서 시도 때도 없이 눈물이 나서 난감했다는 여성에게 "스스로를 달래기 위해 어떻게 하셨나요?"라고 물었더니 "이별의 감정을 어떻게 처리하는지 알려주는 유튜브 영상을 봤더니 도움이 되던데요"라고 했다. '상실의 슬픔도 유튜브로 해결하는 세상이 되었구나!' 하는 생각이 들었다.

자기 위안을 위해 활용할 수 있는 방법들이 점점 많아지고 있다. 영화나 책으로 통찰을 얻기도 하고 달리기로 스트레스를 날려버리고 스마트폰에 깔린 앱의 도움을 받아 명상도 하고 고독한 사색으로 영혼을 정돈하는 이도 있다. 자기에게 어울리는 방법들을 스스로 찾아서 얼마든지 활용할 수 있는 세상이다. 음악이 도움을 주기도 하는데 이때도 타인의 추천이 아니라 자신이 선호하는 것을 들어야 심리적 효과가 나타난다.

소통으로 마음을 치유하는 것도 마찬가지. 자신이 선택한 대상에게 마음을 털어놓아야 상처가 아문다. 그 대상이 꼭 실존 인물일 필요도 없다. 돌아가신 할아버지와 마음으로 대화를 나눌 수도 있고 신에게 "내가 어떻게 해야 할까요?"라고 물을 수도 있다.

일에서 비롯된 스트레스, 사람 때문에 생긴 상처, 아무리 노력해도 피할 수 없는 불운을 누구나 사는 동안 경험한다. 인간이기 때문에 겪어야 하는 실존적 고통에는 특효약이 따로 없다. 자기 마음이 원하는 것을 스스로 선택해서 자유롭게 행하면 그것이 치유다.

과거에서 벗어나기

　　푹신한 소파에 엉덩이를 푹 담그고 앉거나 가끔은 누워서 지나온 인생에 대해 쉴 새 없이 떠드는 영화 주인공들을 봐서 그런지 사람들은 심리 상담을 두고 '과거를 말하는 게 치료구나'라는 인상을 갖고 있는 듯하다. 과거를 이야기하는 건 중요하다. 현재의 나는 경험이라는 흙에서 피어난 꽃이다. 과거는 과거에 머물지 않고 지금 이 순간에도 되풀이되며 아직 오지 않은 미래로까지 뻗어나간다. 지난날의 상처를 없는 셈 치며 자기를 속이고 살면 마음 한구석이 곪는다.

　　그런데 상담을 하다보면 과거로만 회귀하며 앞으로 나아가지 못하는 이들도 자주 본다. "불안한 건 어린 시절 상처 때문이에요. 부모님이 그때 내게 모진 말만 하지 않았으면 지금 나는 더 나은 사람이 되어 있을 거예요"라는 서사에서 못 벗어나는 사람도 있다. "진심어린 사과도 받지 못했는데 과거를 어떻게 떨쳐버릴 수 있겠어요"라며 원망의 늪에 빠져 허우적대기도 한다. 과거가 남겨놓은 무력감에 짓눌려 "아픔이 치유되지 않아서 나는 아무 것도 할 수 없어요"라며 현재를 놓치고 마는 것이다.

인생 서사의 주제가 과거에만 묶여 있는 건 상처가 크기 때문이겠지만 다른 한 편으로는 옛 기억을 지나치게 강조한 정신건강전문가들 탓도 있고 사람들이 정신분석이론을 너무 단순하게 받아들인 때문이기도 할 테다. 과거는 지울 수 없다. 비싼 비용을 지불하고 유명한 정신과 의사와 상담해도 트라우마의 상흔이 완전히 복구될 수는 없다. 이건 불가능한 일이다. 무언가에 대해 말하면 말할수록 우리는 심리적으로 그것에 더 속박되고 만다. 과거에 대해 말하는 것도 이런 역설로부터 자유로울 수 없다.

소소한 일상을 이야기하는 것도 과거를 돌아보는 일 못지않게 중요하다. 아침에 일어나서 제일 먼저 하는 일이 무엇이고 어떤 공상을 자주 하는지, 좋아하는 반찬은 무엇이며 키우고 있는 반려묘 이름과 그렇게 지은 이유를 말해보는 것도 자기를 알아가기 위한 소중한 이야기 재료다. 이루기 힘들게 느껴지는 꿈일지라도 그것을 마음껏 펼쳐놓아 보는 것도 심리 상담에서는 필수다. 끊임없이 과거를 곱씹는 것보다는 상상일 지라도 미래를 언어로 그려보는 편이 훨씬 낫다. 이런 이야기 들을 다 모아서 복잡다단한 마음을 전체적으로 가늠해보는 것이 정신과 상담이다.

이미 지나온 과거는 변하지 않는 것일까? 상처와 아픔으로 점철된 과거를 멍에처럼 영원히 끌어안고 살아야 하는 걸까? 나의 정체성도 그런 과거에 의해 이미 결정되어 버린 걸까? 그렇지 않다. "인간이 바꿀 수 있는 것은 미래뿐이라고 믿고 있어요. 하지만 실제로는 미래가 과거를 바꾸고 있습니다. 바꿀 수 있다고도 말할 수 있고 바뀌어버린다고도 말할 수 있죠." 내가 좋아했던 소설 속 주인공의 이 대사처럼 미래가 과거를 바꾼다. 진정 내가 누구인지를 알려주는 것도 과거가 아닌 미래를 향한 이야기들이다. 과거 이야기만으로 나를 규정해서는 안된다.

꽃이 피려면 줄기는 땅이 아닌 해를 향해 솟아올라야 한다. 우리 마음이 성장하기 위한 이야기도 마찬가지다. 내가 어떤 꽃으로 피어날지는 과거가 되어가는 현재와 현재가 되어가는 미래가 알려줄 것이다.

쇼핑 테라피

　　이탈리아 소도시 골목길을 걷다가 옷가게 쇼윈도 유리벽에 적힌 'Shopping is cheaper than a psychiatrist!'라는 글귀를 본 적 있다. 나도 모르게 빵하고 웃음이 터졌다. 십 년도 지난 일이라 골목 풍경은 기억나지 않지만 '쇼핑이 정신과 의사보다 싸다!'라는 이 문장은 뇌리에 선명히 남아 있다. 대중 강연을 할 때 청중이 지루해하는 기색을 보이면 나는 그들을 웃겨볼 심산으로 그때 찍어둔 사진을 보여주며 이렇게 말한다. "어쩌면 이 말이 맞을 지도 모르겠어요. 텔레비전에 나오는 유명한 정신과 의사 선생님께 상담 받으면 시간 당 몇 십만 원씩 내야 하는데 그렇게 큰돈을 지불해도 인생의 고통이 사라지는 것도 아니고 그렇다고 위로가 필요할 때마다 그 비용을 내고 상담할 수도 없으니까 차라리 그 돈으로 핸드백이라도 사두면 흐뭇해할 수 있잖아요." 그렇다고 쇼핑이 상담을 대신할 수 있다는 뜻은 결코 아니다.

그럼에도 불구하고 나를 비롯한 평범한 사람들은 쇼핑을 치유 목적으로 널리 활용하고 있다. 펜실베이니아대학교 마거릿 멜로이 교수 연구팀은 쇼핑몰에 들어가는 성인을 대상으로 무엇을 살 것인지 사전에 묻고 나중에 쇼핑몰에서 나올 때 그들이 실제로 구매한 것이 계획했던 품목과 일치했는지를 비교했다. 동시에 그들의 기분 상태와 자기 마음을 달래주기 위해 구입한 품목이 있는지도 함께 조사했다. 연구 대상자 158명 중 56%가 "자신을 치유하기 위해 산 물건이 있다"라고 응답했다. 치유 쇼핑을 한 사람들은 중 63%는 계획에 없었던 품목을 샀던 것으로 나타났다. 충동구매를 한 사람들은 그렇지 않은 이들에 비해 기분 상태가 더 우울했다.

정신과 의사인 나도 그리 다르지 않다. 하루 종일 내담자가 쏟아내는 우울과 분노를 담아내느라 녹초가 된 날 밤에는 책상에 앉아 매력적인 디자인의 볼펜이나 고상해 보이는 안경테를 찾아 인터넷 쇼핑 사이트를 뒤지곤 한다. 실제로 구매하지는 않더라도 사고 싶은 물건들을 눈으로 보는 동안만큼은 지친 마음에서 잠시 벗어날 수 있다. 아주 가끔은 일하느라 고생한 나를 위해 특별한 걸 선물해주고 싶어서 평소 눈여겨 봐둔 아이템을 살 때도 있다. 과하면 곤란하겠지만 '이 정도의 선물을 받아도 될 만큼 열심히 살았잖아'라며 스스로를 추켜 세워주고 싶어서 그렇게 한다. 쇼핑에 치유 효과가 있다면 바로 이런 이유 때문일 테다.

위의 연구팀은 69명의 대학생에게 쇼핑 전의 상태와 쇼핑하고 나서 시간이 한참 흐른 뒤에 자신의 소비 행동에 대해 어떻게 느끼는지 기록하도록 했다. 그 내용을 분석한 결과 연구 참여자의 82%가 마음을 치유하기 위해 쇼핑한 것을 후회하지 않았고 긍정적인 경험으로 인식했다.

쇼핑 욕구가 늘어났다면 그건 현실에서 자기 뜻대로 이뤄지는 게 없다고 느끼는 좌절감 때문일 수도 있다. 돈으로 뭔가를 사는 동안만큼은 순간적으로 세상을 자기 손아귀에서 통제한 것처럼 느낄 수 있으니 현실에서 얻을 수 없는 만족을 쇼핑으로 보상받으려는 심리가 작동한 것이다. 몇 억 아니 몇 십억 짜리 집은 도저히 살 수 없으니 그나마 명품백이라도 사두려는 마음이라고 할까.

쇼핑 테라피에서 주의할 점. 수시로 통장 잔고를 확인할 것. 쇼핑하고 나서도 계속 더 우울해진다면 마음 진찰을 받을 것.

최고의 나를 상상하다

상상을 펼쳐보라는 말은 창의적인 글쓰기 시간에 나올 법한 가르침이지만 나는 상담하면서도 종종 이렇게 말한다. 차마 말로 하지 못할 때는 속으로 '제발 상상력을 조금만 더 발휘해 봐요'라며 간절히 바란다. 상상력은 정신건강을 지탱하는 중요한 기능이다. 정신적으로 건강한 사람은 힘든 일이 닥쳤을 때 그것을 타인의 눈으로 해석하고 '세월이 흐른 뒤에 이 고난은 인생에서 어떤 의미로 남겨질까?'라며 미래의 시간으로 볼 줄 안다.

일상이 단조로워질수록 상상을 펼칠 마음의 공간은 늘어난다. 매일이 롤러코스터를 타고 있는 것처럼 정신없이 흘러갈 땐 그것에 적응하느라 상상할 여유조차 갖기 어렵다. 지겹긴

해도 밋밋한 일상은 "내 꿈이 뭐지? 먼 미래의 나는 어떻게 살고 있을까?"라며 지금보다 더 성장한 자아를 마음으로 그려볼 수 있는 기틀이 된다.

부정적인 전망으로 생각이 편향되면 우울증 위험도가 높아진다고 하지만 내 임상경험에 비춰보면 우울증이 심할수록 상상하는 힘 자체가 메말라버린다. 무력감이 온 몸을 휩싸고 있는 이와 대화해보면 "지금의 나와 다른 내 모습이 도저히 떠오르지 않아요"라며 괴로워한다. 비관적 생각이 들어서가 아니라 무기력하지 않은 자신은 생각조차 나지 않는다며 막막해한다. 새로운 자기와 달라질 세상이 머릿속에서 떠오르지 않을 때가 바로 정신건강의 위기 상태다. 우리에겐 비록 그것이 상상의 산물에 불과할지라도 기대라는 마취제가 있어야 고난을 견딜 수 있다.

"상상력을 발휘했더니 자꾸 안 좋은 예상만 떠올라요"라고 불평하는 이도 있다. 그런데 최악의 시나리오를 상상하는 것도 잘만 활용하면 득이 될 수 있다. 어느 날 갑자기 당신에게서 걷는 능력이 사라졌다고 상상해보라. 잠에서 깨어나 침대에서 일어나려는데 두 발이 말을 듣지 않고 갓지어진 고슬 밥을 먹으러 식탁까지 걸어갈 수조차 없다. 출근은커녕 제 힘으로 바지도 못 입는 처지를 생각하기도 싫을 거다. 이제 상상을 끝내고 현실로 돌아와 자신을 찬찬히 돌아보라. 두 발로 서 있을 수 있음이 얼마나 감사한 것인지 새삼 깨닫게 될 것이다. 스트레스가 닥쳐도 담담하게 "건강을 잃는 것에 비하면 아무 것도 아니야"라고 말하게 될 거다.

마음의 힘으로 숟가락을 휘거나 자동차를 사라지게 할 수는 없어도 '최고가능자기'를 적극적으로 상상하면 자아는 달라지게 만들 수 있다. 간절히 열망했던 사람이 되어 있는 자신을 마음속으로 떠올리며 '그렇게 된 나는 어떤 일을 하고 누구와 함께 살고 있으며 점심으로는 무엇을 먹고 여가 시간을 어떻게 보내고 있을지' 마치 지금 현실인 것처럼 상상해보는 것이다. 다수의 연구 결과들에 따르면 하루에 20분씩 4일 동안 최고가능자기에 대해 글을 쓰라고 했더니 긍정 정서가 늘어나고 스트레스 내성이 커졌으며 중요한 과업을 지속하는 데도 도움이 되었다고 한다. 운동선수가 이미지 트레이닝을 하듯이 연습하면 효과가 나온다. 상상만 해도 몸을 움직이는 것과 동일한 뇌 부위가 활성화되기 때문이다. 우주를 정복하겠다거나 손가락을 움직여 비를 내리겠다는 몽상에는 이런 효과가 없다.

나라는 존재는 이미 지나온 과거가 아니라 앞으로 살게 될 미래의 나에 대한 상상으로 완성되어 가는 것이다. 지금 이 순간부터 그런 사람이 된 것처럼 행동하기 시작하면 상상은 현실이 된다.

공황장애 치료에서 가장 중요한 것

공황장애 환자가 부쩍 늘었다. 예전에는 "당신이 갖고 있는 질환은 공황장애"라고 말해주면 "그게 뭔가요?"라고 의아해했는데 요즘은 "내가 공황장애를 앓고 있는 것 같아요"라며 스스로 진단 내리고 클리닉을 찾아온다. 가슴이 답답하고 숨이 막히고 목이 조여 들고 어지럽고 쓰러질 것 같은 느낌이 확 몰려들면서 '이러다 죽는 것이 아닐까'라는 공포가 덮치듯 찾아온다. 이런 증상을 공황 발작이라고 한다. '공황 발작이 또 찾아오면 어쩌나?'라는 예기 불안이 생기고 무서워서 지하철을 못 타겠다는 회피 행동이 따라붙으면 공황장애라고 진단한다.

정신건강전문가들은 한결같이 완치될 수 있다고 말하지만

공황장애를 완전히 없애는 건 쉽지 않은 일이다. 난치성이냐 하면 그건 아니다. 약물도 효과적이고 상담도 도움이 된다. 하지만 100% 효과적일 수는 없다. 맹장은 한 번 떼어내면 평생 맹장염 걱정을 안 해도 되지만 공황장애는 그렇지 않다. 재발을 잘한다. 불안 때문에 일상에서 계속 고통을 겪는다. 공황 발작이 언제 나타날지 모르니 장기 목표를 못 세운다. 사람을 꺼리고 생필품을 사기 위해 마트 가는 것도 두려워진다. 삶이 실패한 것 같고 공황장애 때문에 패배자가 된 것 같고 자존감은 바닥에 떨어진다. 치료를 잘 받아서 공황이 잡혀도 두려움을 완전히 떨치지 못 하는 경우가 다반사다. 현실이 이렇다 보니 공황장애를 뿌리 뽑겠다며 환자들은 온갖 치료법들을 찾아다닌다. 그런데 공황장애 치료에서 진짜 중요한 것은 획기적인 상담이나 명약이 아니다.

핵심은 용기다. 질환이 자신을 괴롭게 만들어도 삶을 망가뜨리게 내버려두지는 않겠다고 단단히 마음먹는 것. 공황증상이 있더라도 지금 현재 자신에게 소중한 것에 몰입하려는 용기. 이것이 가장 중요하다. 불안과 용기는 서로를 죽이지 않는다. 불안해도 용기를 가질 수 있다. 불안과 용기는 항상 공존하는 법이다. 두려움에 질려 있다고 해서 용기가 사라진 것은 아니다. 가장 큰 용기는 항상 가장 큰 두려움에서 나온다.

"까짓 것!"이라는 마음 자세를 가지면 좋다. "심리적 불안,

재발에 대한 걱정, 겁이 나는 공간들… 이 까짓 것!"하고 제쳐 버려야 한다. 공황장애 환자들은 터널, 고속도로, 대중교통, 고가도로, 높은 다리, 쇼핑센터, 극장, MRI 검사기계, 엘리베이터를 두려워한다. 공황발작이 생겼을 때 도움을 받을 수 없는 공간이라고 느껴지거나 창피 당할 것 같은 장소를 싫어한다. 그런 곳에는 아예 가지 않으려고 한다. 하지만 자기 삶에서 중요하다면 뛰어들어야 한다.

지하철 안에서 공황 발작이 생길까 봐 두렵다고 출근길에 택시만 타고 다녀서는 안 된다. 밀집 공간이 두려워도 좋아하는 팀이 시합을 한다면 경기장에서 직관하면 좋겠다. 소음과 답답함이 싫더라도 먹고 싶은 음식을 만들기 위해 마트에 가서 장을 봐야 한다. 회피했던 상황에 직면하면서 터득해야 할 통찰은 공황 발생의 위험에도 불구하고 목표했던 것을 충분히 완수할 수 있다는 사실이다. "막상 직면해보니 별 것 아니네!" 하는 체험이 쌓여야 공황장애는 비로소 완치될 수 있다.

몸으로 만드는 자존감

"새해 계획이 무엇인가요?"라고 물으면 가장 많이 돌아오는 대답은 "운동할 거예요"다. 상담 시간에 환자들이 "긍정적인 태도를 기르겠어요"라거나 "감사하는 마음을 더 가지려고요"라고 할 것 같지만 실제로는 활동적인 생활 방식 길러보겠다는 대답을 요즘은 더 많이 듣는다. 마음 건강을 잃어본 이들은 안다. 의지나 생각이 아니라 몸을 써야 정신건강을 지킬 수 있다는 걸.

우울증을 예방하려면 무엇보다 몸을 활기차게 만드는 게 중요하다. 운동을 꾸준히 해서 심폐활량이 늘어나면 스트레스가 닥쳐도 우울증에 덜 걸린다. 일반인을 대상으로 심폐활량을 측정하고 나서 12년이 지난 후 어떤 사람이 우울증을 앓았는지 추적 조사했다. 처음에 심폐활량이 좋았던 사람들은 그렇지 않은 경우에 비해 우울증에 걸릴 위험이 약 절반 정도로 낮았다. 식상한 말이지만 건강한 몸에 건강한 마음이라는 구호가 정확했던 것이다.

"긍정적인 마음을 가져라!" 하고 구호 외치듯 하지만 말로만 될 리 없다. 걷다보면 고민이 정돈되고 마음에 여유 공간이 생긴다. 이 자리에 새로운 아이디어가 생겨나서 문제를 보는 관점도 시나브로 넓어진다. 부정적 생각으로 머리가 복잡하다면 산책으로 떨쳐내는 게 제일 좋다.

"올해는 술을 끊을 겁니다"라고 말로만 외쳐서는 성공할 가능성을 높이지 못한다. 금주하겠다는 의지력도 운동을 하다보면 저절로 길러진다. 호주 매쿼리대학교의 연구 결과를 보면 규칙적인 운동이 욕구를 조절하는 힘을 키워준다는 걸 알 수 있다. 실험에 참가한 사람들에게 피트니스센터 이용권을 무료로 나누어 주고 주 3회 운동하도록 지시했다. 두 달 동안 운동을 꾸준히 한 사람들은 그렇지 않은 경우에 비해 술을 덜 마시는 쪽으로 변했다. 사전에 음주 습관을 고치라고 지시한 적이 없는데도 규칙적으로 운동한 피험자들은 음주량을 스스로 줄였다. 절주만 한 게 아니었다. 두 달 동안 행동 변화를 관찰했는데 운동을 열심히 한 사람들은 감정 조절도 이전보다 더 잘하게 되었고 충동구매는 덜 했고 시간 약속은 잘 지켰다.

운동이 생활습관까지 바꾼 것이다.

"올해는 자존감을 높여서 당당하게 살아보려고요"라고 하는 이도 자주 보는데 과연 자존감이란 것이 마음만 독하게 먹는다고 키워질까? 비싼 돈 내고 상담받는다고 바닥에 누웠던 자존감이 벌떡 일어서는 건 아니다. 자존감은 자신이 소중히 여기는 가치에 어울리는 행동을 꾸준히 해야 커진다. 꼭 거창한 걸 이루어야만 하는 게 아니다.

매일 아침에 일어나 잠자리 정리를 하고 스트레칭을 하고 뜨거운 물로 샤워하고 책상을 깨끗이 정리하는 것으로도 자존감을 키울 수 있다. 일상 습관과 소소한 행위가 모여서 '나는 내가 생각해도 꽤 괜찮은 사람'이라는 인식의 근간을 이룬다. 땀 흘려 운동하면 몸에 활기가 생기고 이런 체성 감각이 모여서 뇌로 들어오면 섬엽이라는 부위에서 '나는 활기찬 사람'이라는 느낌이 형성된다. 이렇게 획득된 긍정적 자기 인식은 자존감 높은 말과 표정과 행동으로 나타난다. 근육 키우듯 몸으로 만들어나가는 것이 자존감이다.

4

팬데믹 시대 우리에게
필요한 마음 공부

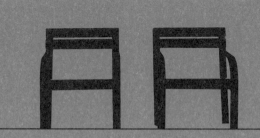

마스크 뒤에 숨은 마음

요즘은 상담이 무척 힘들다. 마스크 때문에 내담자의 표정을 정확히 읽을 수가 없기 때문이다. 말보다 표정에서 정서적 진실이 포착될 때가 많은데 그걸 제대로 읽을 수 없으니 답답하다. 혹시나 내담자의 마음을 잘못 읽을까, 조심스럽다.

표정 연구의 대가인 심리학자 폴 에크만은 얼굴 윗부분(이마, 눈썹, 눈꺼풀)과 아랫부분(턱과 입술)의 변화를 통해 감정이 다르게 드러난다고 했다. 두려움과 슬픔을 표현할 때는 얼굴 윗부분이 중요하다. 이마를 찡그리고 눈썹을 내리고 눈꺼풀이 처지는 건 슬플 때 나타나는 전형적인 표정 변화이고 눈썹을 치켜올려서 눈을 크게 뜨는 것은 두려움과 놀람의 전형적 반응이다.

얼굴의 아랫부분, 즉 턱과 입술은 윗부분과는 또 다른 감정 표현에 중요한 역할을 한다. 입은 행복감을 전달할 때 매우 중요하다. 입꼬리가 어떻게 움직이는지에 따라서 그리고 입 주위 근육이 어떻게 작동하는지에 따라 진짜 미소와 가짜 미소가 구분된다. 19세기 프랑스 신경학자인 기욤 뒤센은 진정한 기쁨을 느껴서 웃으면 양쪽 입꼬리가 올라가고 눈 주변 근육이 수축한다는 사실을 밝혀냈다. 그의 이름을 따 이러한 진짜 미소를 '뒤센 미소'라고 한다. 좌우 입꼬리가 비대칭적으로 움직이면 가짜 미소다. 입 모양 변화는 분노와 분노의 강도도 결정한다. 혐오와 멸시는 입을 꽉 다무는 근육 움직임으로 표출된다.

결론적으로 눈과 눈꺼풀, 이마 주위의 표정 변화만으로는 감정이 제대로 표현될 수 없다. 마스크 뒤에 가려진 얼굴 표정을 볼 수 없는 상대는 반쪽짜리 감정만 느낀다. 그나마 반이라도 읽으면 다행이지만 이마저도 힘든 경우가 많다. 눈 주위의 표정 변화만 읽어서는 상대의 진심을 정확히 알 수 없다. 복잡하고 미묘한 정서는 얼굴 위아래가 총동원되어야 제대로 표현된다. 얼굴 전체의 표정 변화가 하나로 모여야 정서는 강하게 환기될 수 있다.

감정이 왜곡되지 않고 있는 그대로 받아들여지는 것을 정서적 승인이라고 한다. 인간은 자신의 솔직한 감정이 정당하고 옳다는 것을 의사소통 과정에서 확인받을 수 있어야 솔직한 마음을 털어놓는다. 말로써 "당신 마음을 알겠다"고 아무리 외쳐도 얼굴 표정에 진정성이 담겨 있지 않으면 대화 상대는 '내 감정을 제대로 모르는 것 같아'라고 느낀다. 정서적 승인에 실패한 것이다.

감정을 완전히 배제하고 옳은 말에만 의지해서는 제대로 소통할 수 없다. 이렇게 하면 오히려 인간관계는 깨진다. 가족과의 대화에서 한번 실천해보면 무슨 얘긴지 금방 알 수 있을 것이다. 하루종일 감정은 배제한 채 굳은 표정으로 이성적이고 논리적인 말만 잔뜩 늘어놓다보면 자신도 모르는 사이에 가족의 마음에 화살을 꽂고 있는 자신을 발견하게 될 것이다. 말만 가지고 보면 전혀 틀린 바가 없는데도 가족들은 "나한테 어떻게 그런 말을 할 수 있냐"며 기분 나빠할 것이다.

이처럼 표정은 말에 가려진 진심을 보여준다. 상대의 표정을 보지 않은 채 "너의 진심이 뭐야?"라고 백날 말해봐야 알 수 없다. 상대의 속내를 정확히 보려면 표정을 읽어야 한다. 코로나바이러스로 마스크 쓰기가 일상화된 지금, 우리는 서로가 서로에게 전달되어야 할 정서적 정보의 많은 부분을 놓치고 있다. 그렇지 않아도 서로가 서로를 이해할 수 없다며 아우성 치고 있는 상황인데 마스크까지 소통을 가로막고 있으니 안타깝기만 하다.

내 방에서 출발하는 여행

우리 뇌는 상상과 현실을 구분하지 못한다. 노랗고 동글한 귤 한 개를 머릿속에 떠올린 후 얇은 껍질을 벗기고 한 조각을 떼어 입에 넣는다고 상상해보자. 실제라면 귤 알맹이가 톡 하고 터지면서 달고 신 맛이 혀를 자극한다. 이 장면이 마음속에 생생하게 떠올랐다면 지금 당신의 입 안에 자기도 모르게 침이 고였을 것이다. 새콤한 귤즙이 입속에 퍼지는 상상을 했을 뿐인데 우리 몸은 실제로 귤을 먹은 것처럼 반응한다. 감정과 강하게 밀착된 이미지가 떠오르면 더 강한 생리적 반응이 일어난다.

삼십 년의 결혼 생활 동안 시어머니에게 시달렸던 내담자가 있었는데 이미 돌아가신 시어머니인데도 머릿속에 떠올리는 순간 여전히 가슴이 쿵쾅거린다고 했다. 실제가 아닌데도 감정과 연결되니 바로 몸에 반응이 오는 것이다. 발표 불안에 시달리는 사람에게 '많은 사람들 앞에서 이야기를 해야 하는 무대에 올랐을 때 가슴이 두근거렸다'라는 문장을 읽어보라고 했을 때와 이 장면을 실제처럼 머릿속에 그려보라고 했을 때, 어느 경우에 심장이 더 빨리 뛸까? 당연히 그 장면을 머릿속에 떠올렸을 때다. 불안을 일으키는 상황을 글로 읽는 것보다 선명한 이미지를 상상할 때 우리 몸은 더 격렬하게 반응한다.

심상은 실재하지 않지만 마음속에서 진짜처럼 지각되는 이미지를 말한다. 시각뿐 아니라 청각, 후각, 촉각과 운동 감각 모두를 마음속에서 그려낼 때 심상은 강하게 활성화된다. 몸이 움직이는 것을 상상하면 근육을 실제로 쓸 때와 동일한 전기 자극이 뇌에서 일어난다. 상상하는 그 장면이 감각적으로 풍성하면 뇌 반응도 커지고 뉴런 간의 연결도 강화된다. 실제 체험과 동일한 뇌 반응이 그 체험을 상상하는 것만으로 유발되는 현상을 기능적 등가주의라고 한다. 운동선수들이 흔히 하는 이미지 트레이닝이라는 것도 엄밀하게 말하면 이미지가 아니라 심상을 활용하는 훈련법이다. 피아니스트가 공연이 시작되기 전에 눈을 감고 흰색 건반을 누르는 행동을 마음속으로 그려보는 것도 같은 원리를 이용한 것이다. 심상 훈련으로 성과가 향상될 수 있다는 건 잘 확인된 사실이다. 우울증 환자가 자기 모습에 대해 긍정적인 심상을 떠올릴 수 있다면 우울감이 감소된다. 심상이 바뀌면 기분도 변하는 것이다.

요즘 상담하다 보면 "비행기 타고 어디론가 떠났으면 좋겠어요"라는 말을 자주 듣는다. 일상이 지루해지면 여행으로 새로운 기운을 불어넣곤 했는데 지금은 꼼짝할 수 없으니 "숨이 막혀요"라며 답답해했다. 이런 사람들에게 심상 여행을 떠나보라고 권유하고 싶다.

가고 싶은 휴가지의 풍경 사진 30장 정도를 스마트폰에 저장해두고 스치듯 넘겨가며 서너 번 반복해서 본다. 그리고 난 뒤에 눈을 감고 스크린에 영상을 비추듯이 그 이미지들을 떠올려본다. 황금빛 태양이 몸을 감싸는 촉감을 느끼고 파도가 잘게 부서지는 소리를 듣고 풀숲의 내음을 맡고 있는 자기 모습을 적극적으로 느끼며 상상해본다. 생생한 감각들을 일깨워야 한다. 처음에는 어색할 수도 있다. 그러나 익숙해지면 눈을 감고도 여행의 감각들을 실제처럼 느낄 수 있게 된다. 상념은 사라지고 여행을 떠난 것처럼 몰입하게 된다. 작은 방에서 지겨운 서류만 들춰 보고 있다면 잠시 멈추고 눈을 감아보자. 평화롭고 아름답고 부드러운 감각을 일깨우는 공간으로 상상 여행을 떠나보자. 심상에 맞춰 자기감정도 평화롭고 아름답고 부드럽게 변해갈 것이다.

살아 있음을 느끼기 위하여

코로나바이러스 때문에 삶이 멈췄다. 익숙했던 일상이 정지 상태에 빠져버렸다. 지금까지 무엇을 위해 어떻게 살아왔는지 싹 잊어버린 것처럼 느껴져서 당황하며 스스로에게 묻는다. "그렇다면 왜 살아야 하지?"

스트레스 속에서도 자기 마음과 대화하며 깨달음에 이르면 다행이지만 이게 의도대로 되지 않는다. 우울하고 불안할 때 자신과 인생에 대한 생각만 붙들고 있으면 "난 왜 행복하지 않을까? 내 삶은 왜 만족스럽지 않은 걸까?"라는 부정적 의문에서 못 벗어난다. 생각은 정서와 연동되어 있기 때문이다. 우울은 우울한 생각을 끌어당기고 불안하면 불안한 생각으로만 초점이 모이는 게 인간의 자연스러운 심리 반응이다.

우울증 환자에게 10분 동안 자기 자신에 대해서만 생각해보라고 하면 어떻게 될까? 후회와 자기 비난의 함정에 빠져 허우적거리게 된다. 괴로울 때 자기 마음을 분석하는 일에만 매달려서는 활기를 얻을 수 없다. 유니버설 스튜디오의 창립자 칼 래믈리는 이렇게 말한다. "내 경험에 따르면 어딘가 나사가 빠진 듯 보이는 사람들 대부분은 그저 과도한 자기 성찰의 희생양 같더군요."

뜨거운 여름, 낮에 꼼짝도 하기 싫다고 한다. 맞다. 너무 덥다. 햇빛이 아프다. 운동하라고 움직이라고 권유하기가 조심스럽다. "우울증에는 운동이 약이에요"라고 환자들에게 말해왔는데 요즘 흔히 돌아오는 반응은 "마스크 때문에 덥고 답답해서 못 해요."이다. 꼰대 같은 태도일 수도 있겠지만 신뢰가 쌓인 환자에게는 자극을 주기 위해 "저는 1년 넘게 마스크 쓰고 계속 뛰었더니 점점 익숙해지더라고요"라고 말해준다. 치료 관계가 무르익지 않은 환자가 운동을 꺼리면 "그렇군요." 하며 수긍하고 넘어간다.

약으로 우울증상이 좋아질 수는 있지만 쾌유가 되려면 신체적 활력이 되살아나야 한다. 몸을 쓰고 부담이 적은 활동부터 서서히 해나가야 우울증이 완치된다. 무기력에서 벗어나 생기를 되찾으려면 현실을 온몸으로 느끼며 기쁨을 쌓아가야 한다.

삶의 의미도 생각이 아니라 느낌에서 비롯된다. 인생에 대한 철학적 질문은 행동을 통해 답을 찾을 수 있다. 괴테는 이렇게 말했다. "행동으로 이어지지 않는 생각은 모두 질병이다."

나도 코로나바이러스가 무섭다. 땀이 많은 나는 더위에 유독 약하다. 네모난 진료실에서 하루 10시간씩 KF-94 마스크를 쓰고 상담하고 나면 녹초가 된다. 지쳐버린 늦은 저녁에 삶의 의미 따윈 생각조차 못 한다. 그렇다고 "아, 내 삶이 너무 답답해"라고 낙담할 수만은 없는 노릇.

생각은 접고 무조건 뛴다. 폭염을 피해 늦은 밤 인왕산에 올라 서울의 차가운 불빛들을 내려다보기도 했다. 이른 아침 인적 없는 대무위도와 소무위도의 바닷길을 걸을 때 "인생이란 뭘까?"라고 사유하지 않아도 "그래, 지금 내가 살아 있구나"라고 느낄 수 있었다. 더위가 싫다면 갤러리에 가보길 권한다. 우선 시원하다. 나란 사람이 이전보다 약간 더 고상해진 것 같다. 명화를 보면 뇌에 전기 스파크가 일고 정신이 번쩍 든다.

후두둑 후두둑 떨어지는 빗소리에 귀를 기울이고 그늘 아래를 지나는 선선한 바람을 살갗으로 느끼고 주황색으로 물든 저녁 하늘의 노을을 보는 것만으로도 삶을 사랑할 이유는 차고 넘친다.

계획된 우연

코로나 백신 접종 후에 두통, 무기력, 두근거림이 생겼고 한두 주가 지나도 가라앉지 않아 불안하다며 정신과를 찾아온 환자들을 보게 되었다. 나에게 상담하러 오기 전에 내과에서 진찰하고 신체검사를 받았는데 이상은 발견되지 않았다고 했다. 그런데도 불쾌한 증상이 계속 되니까 '앞으로 심각한 부작용이 발생하는 것 아니야'라는 상상이 떠나가지 않는다고 했다. "이렇게 괴로운 상태가 지속된다면 제대로 살 수도 없을 것 같아요"라며 불길한 상상이 이미 일어난 일인 양 괴로워했다. 다행히 내가 상담했던 환자들은 얼마 후에 이런 증상들이 사라졌고 정신과 진료도 더 이상 필요하지 않았다.

인간은 미래를 생각한다. 불안하면 앞날에 대한 생각을 더 많이 하게 된다. 우리는 지식의 공백을 두려워한다. 모호함과 불확실함을 느끼면 생각하고 또 생각함으로써 불안을 잠재우려 한다. 하지만 이렇게 할수록 공포만 커진다.

앞으로 일어날 사건을 미리 생각하게 한 후에 실제로 그 일이 생긴다면 자기 마음이 어떨지 예측해보라고 했다. 애인과 헤어지고 나면 불행의 늪에서 오랫동안 허우적거릴 거라 예측했지만 실제로 이별한 후의 느낌을 확인해보면 예상했던 것보다 빨리 마음을 추스른다. 자신이 지지하는 정치인이 선거에 승리하면 기분이 계속 좋을 것 같겠지만 실제 삶에서 느끼는 개인의 주관적인 행복도는 투표 결과와 그리 큰 상관관계가 없다. 승진의 기쁨도 우리가 예상하는 것보다 훨씬 더 금방 사라진다. 폭풍 속 촛불처럼 말이다.

인간은 자기 마음이 어떻게 변할지 예측하는 데 서투르다. 서투른 정도가 아니라 잘못된 예측을 사실이라고 믿을 정도로 어리석은 게 보통의 인간이다.

불안에 빠진 이들에게 "다 괜찮아질 거야"라는 식의 위로는 별 도움이 안 될 때가 많다. 세상에는 실제로 하루가 멀다 하고 무서운 일들이 벌어지고 있으며 그 일로 고통받는 이들의 사연을 우리는 실시간으로 보고 있기 때문이다. 불확실성은 누구에게나 적용되는 인생 법칙이다. 현실은 깔끔하지도 단순하지도 명쾌하지도 않기 때문에 탁월한 식견과 과학기술로 무장한 전문가의 미래 예측도 빗나갈 수밖에 없다. 섣부른 위안과 설익은 전망으로 불안을 잠재울 수 없다.

미국에서 사업가와 직장인 수백 명을 조사했더니 커리어 성공 요인의 80%가 우연에 의해 시작된 것이었다고 한다. 이런 현상을 확인한 스탠퍼드대학교 존 크럼볼츠 교수에 따르면 직업 진로는 치밀한 계획으로 이뤄지는 게 아니라 '우리에게 찾아온 우연을 어떻게 받아들일 것인지'가 결정한다고 했다. 사회생활을 하는 동안 예측 못 했던 사건이 일어나면서 계획은 틀어지고 애초의 목표와는 다른 성취에 이르게 되는데 이를 두고 그는 '계획된 우연'이라고 불렀다. 직업뿐 아니라 우리 삶도 계획이 아니라 우연에 의해 만들어지는 것이리라.

미래는 알 수 없지만 그렇다고 두려워할 것도 아니다. 삶에 대해 모른다는 느낌은 허기 같은 것이라서 생각이 아닌 경험으로 채워야 한다. 불확실성 앞에서 우리가 취할 수 있는 최선의 태도는 '호기심을 갖고 경험해보자'일 것이다. 과거에 그래왔던 것처럼 미지의 세상에서도 우리는 그럭저럭 적응해낼 테니 말이다.

이별의 고통에서 벗어나는 법

　　이별은 아프다. 마음이 고통에 빠진 이유들을 듣다 보면 '삶에서 소중한 무엇인가를 잃어버리기 때문'이라는 말로 모아진다. 우울은 상실에 대한 반응이다. 직장을 잃고 연인과 헤어지고 사랑하는 가족을 저세상으로 떠나보내면 우울해질 수밖에 없다. 불안은 미래의 상실을 상상하기 때문에 생긴다. 예측 못 할 사고로 목숨을 잃지 않을까 전전긍긍하고 건강을 잃고 독립적으로 살아갈 힘이 사라질 거란 생각에 두려워한다. 공황장애 환자는 통제력을 잃고 또 쓰러질까 봐 미리 불안해한다. 앞으로 일어날 상실을 받아들일 수 없다는 생각이 불안을 부른다.

　　코로나바이러스가 일으킨 공포의 진짜 원인도 우리가 지금

껏 누려왔던 일상의 기쁨과 이별해야 한다는 데 있다. 시끌벅
적 어울리던 친구와의 만남도 가족과 나누던 따뜻한 포옹도
지친 마음을 달래주던 여행도 지극히 자연스러운 호흡마저 잃
어버린 현실을 못 견디는 것이다. 코로나블루는 코로나바이러
스 시대 이전의 삶과 이별해야 하기 때문에 생기는 것이다.

상담 장면에서도 이별의 고통을 자주 목격한다. 젊은 아들
을 교통사고로 잃고 생의 의미를 잃어버린 어르신을 앞에 두
고 아무 말도 못 한 채 앉아 있어야만 했고, 연인과 헤어졌지만
사랑을 잃고 싶지 않다며 눈물 흘리는 내담자를 그저 지켜봐
야만 했으며, 사라지지 않을 것 같던 젊음과 활력이 자기 몸에
서 떠나버렸다며 낙담하는 중년의 축 처진 어깨를 바라보기도
했다. 침묵하며 함께 느낄 뿐 정신과 의사 한 사람의 미약한 힘
으로 상실의 고통을 치유할 수는 없었다. 어떤 말로도 낫게 할
수 없다. 같이 아파하며 함께 시간을 나누는 것 외에는 할 수
있는 일이 없다. 이별의 상처를 낫게 하는 약은 따로 있지 않다.

기다림이 치유다. 상실의 상처가 아무는 시간은 이미 결정
되어 있다. 그것을 미리 알 수 없을 뿐. 언제일지 모르지만 나
아질 것이란 믿음을 간직한 채 기다리고 또 기다리는 과정에
서 상처도 아문다. 시간을 몰아대지 않겠다고 스스로 다짐하
는 것이 기다림이다. 그저 묵묵히 듣는 것도 기다리는 일이다.
듣고자 하는 마음을 품고 함께 기다리는 일이 도와주려는 이

의 몫이다.

자책하지 않아야 한다. "내가 잘못해서 이별했나? 나 때문에 사고가 생겼나? 내가 좀 더 잘했다면 괜찮았을텐데…"라며 자신을 탓하면 고통은 더 커진다. 돌이킬 수 없는 과거와 달라지지 않을 미래를 떠올리며 자기 비난에 빠지면 정상적인 이별의 아픔이 병리적 질환이 되고 만다.

마음의 자연스러운 생리를 이해하자. 상실의 기억은 지워지지 않는다. 이별 경험은 뇌 깊숙한 곳에 영원히 저장된다. 피부가 깊게 패이면 피는 멈춰도 흉터가 남는 것처럼 상실의 고통도 지워지지 않는 자국을 뇌에 남긴다. 잊히지 않는다고 이상하다 여기면 안 된다. 시간이 아무리 흘러도 상실의 기억이 또다시 떠오르는 것은 자연스러운 현상이다.

이별 후의 삶을 의미 없다고 여기면 고통은 지속된다. 삶에 던져진 이별이란 사건이 나에게 무엇을 가르쳐주기 위해 찾아왔는지 알아가며 아픔에서 조금씩 벗어나게 된다. 이렇게 깨달은 삶의 가치를 온몸으로 증명하며 살아갈 때 비로소 진정한 치유가 시작된다.

아무리 괴로워도 버티고 견디며 일상을 지켜낼 힘을 우리 모두는 내면에 이미 갖고 있다. 다른 모든 것을 잃어도 그 힘은 사라지지 않는다. 어쩌면 우리들의 삶이란 이별의 고통에서 발견한 인생 숙제를 풀어가는 과정의 반복일지도 모른다.

팬데믹 상황에서 자녀와 함께 할 일

진료 중 내담자의 전화기 너머 아이들이 소리친다. "엄마!" 하고 부르더니 곧 "와!" 하고 고함치는 두세 명의 아이들 목소리가 엉켜서 수화기를 타고 넘어왔다. "선생님도 이 소리 들리시죠. 한 달 전만 해도 아이들에게 조용히 하라고 화를 냈는데 이제는 포기했어요." 아이 셋을 키우는 삼십 대 주부다. 그렇지 않아도 육아에 지쳐서 우울증이 생겼는데 남편과 함께 하던 바깥일을 그만두고 지난 한 달 동안 집 안에서 세 아이와 전쟁을 치르고 있다.

그녀는 코로나바이러스보다 육아가 더 무섭다고 했다. 예전에는 집안일을 도와주는 아주머니를 일주일에 한두 번씩 불렀는데 최근에는 이마저도 끊었다. 남편이 운영하는 식당 매출이 바닥으로 떨어지는 바람에 경제적인 어려움이 닥친 데다 가족 외에 사람이 집으로 바이러스를 옮겨오지는 않을까 하는 걱정 때문이었다. 결국 혼자서 세 아이의 삼시 세끼를 챙기고 같이 놀아주고 씻기고 재우고 공부시키고 있다. 아이들은 외출을 할 수 없으니 집이 놀이터다. 집에서 조용한 시간이란 없다.

"온라인 개학을 한다고 하는데 초등학생 아이가 모니터를 보며 수업을 따라갈 수 있을까요? 못 해요. 엄마인 내가 옆에서 끼고 가르쳐야 해요. 내가 이걸 다해야 하는데… 너무 답답해요." 그녀가 한숨을 내쉰다. 나는 이런저런 조언을 하려다 속으로 꿀꺽 삼키고 "뭐라고 말씀드려야 할지 모르겠어요. 제가 어떤 말을 해도 위안이 될 것 같지가 않네요"라고 솔직하게 말했다. "그렇죠. 선생님이라도 저 같은 상황에서는 어떻게 할 수 없을 거예요." 그래도 조금만 견뎌 보자고, 지치지 않도록 건강도 잘 챙기시라고 하며 전화를 끊었다. 정부에서 한시적으로 허용해준 전화 상담을 하고 기존에 복용하던 항우울제 용량을 조금 늘여서 처방전을 발행했다. 그녀가 불러준 팩스 번호로 처방전을 발송해주었다.

이런 상황에서 스트레스받지 않고 능숙하게 헤쳐나갈 수 있는 사람은 아무도 없을 것이다. 누구라도 짜증과 우울에 시달릴 수밖에 없다. 기한이 정해져 있다면 참아보겠는데 끝을 알 수 없으니 답답하고 불안하다. 심리상담이나 겉핥기 조언으로 해결할 수 있는 문제가 아니다.

불길하게 들리겠지만 코로나바이러스는 종식되지 않고 우리는 팬데믹 이전의 삶으로 되돌아가지 못할 가능성이 크다. 앞으로 닥칠 새로운 세상에 적응할 수 있도록 삶의 방식을 바꿔야 한다. 당연히 육아도 달라져야 한다.

우선 '아직 어리고 약하니까 엄마인 내가 다 챙겨야 한다'는 완벽의 강박에서 벗어나야 한다. 세상에서 위험은 사라지지 않을 것이며 예상치 못한 위기가 앞으로 또다시 우리 삶을 흔들어놓을 것이 분명하다. 그러므로 우리의 아이들이 정해진 루트를 잘 따라가도록 가르치는 것이 아니라 변화에 적응하고 자립하는 것이 교육의 목표가 되어야 한다.

간단한 집안일부터 아이에게 맡기는 것이 시작이다. 아이가 어리다면 빨래 걷고 개는 일부터 시키면 될 것이다. 고학년이라면 설거지와 간단한 요리를 가르치는 것도 좋다. 아이들로 하여금 "나는 공부만 하면 된다"는 생각을 버리게 하는 것이 필요하다. 자신과 가족을 위해 몸을 움직여 일하는 것이 필수라는 인식을 갖게 해야 한다는 뜻이다. 아이들의 독립심을 키울 수 있는 절호의 기회다.

또한 지금 같은 역사적인 시간을 아이와 더 깊게 경험하는 것도 좋다. 코로나바이러스의 세계 상황이 어떤지 함께 뉴스를 보고 그것에 대한 저널을 남겨보는 식으로 말이다. 갑자기 달라져 버린 세상에서 나와 우리 가족은 무엇을 하고 있으며 무엇을 느끼고 생각했는지 적어두는 것이다. 앞으로 어떻게 해야 더 나은 삶을 살 수 있을지 가족이 함께 대화하고 기록 해둔다면, 누가 알겠는가.《안네의 일기》처럼 후세에 길이 남을지.

불확실성 속에서 살아남기

        나는 여행 갔다 온 뒤에야 그 지역에 대한 책을 찾아 읽곤 한다. 여행 가이드북도 미리 보지 않는다. 아내는 꼼꼼하게 읽고 가지만 나는 그때그때 내키는 대로 '어떻게 되겠지.' 하는 타입이다. 코로나가 창궐하기 직전에 시칠리아를 여행하고 돌아와서 '음, 갔다 와보니 시칠리아도 꽤 괜찮은 섬이군.' 하고 여운이 남아 지금은 절판된 김영하의 시칠리아 여행 에세이 《네가 잃어버린 것을 기억하라》를 중고서점에서 사서 읽었다 (최근에 나온 《오래 준비해온 대답》이 이 책의 개정판이다). 에필로그에 작가 부부가 나눈 대화가 나온다.

  "… 그런데 시칠리아 사람들 보니까 이렇게 사는 것도 좋은 것 같아."

"이렇게 사는 게 뭔데?"

"그냥, 그냥 사는 거지. 맛있는 것 먹고 하루종일 떠들다가 또 맛있는 거 먹고."

"그러다 자고."

"맞아. 아무것도 계획하지 않고 그냥 닥치는 대로 살아가는 거야."

코로나가 세상을 이렇게 바꿔놓을 줄은 꿈에도 상상하지 못했다. 매일 답답한 마스크를 쓰고 사람을 물리적으로 피하게 되고 집 밖으로 나가는 것조차 신경 써야 하고 해외는 말할 것도 없고 국내 여행도 조심스럽다.

미래란 것이 과연 예상처럼 흘러가는 게 보편적일까? 그렇지 않을 것이다. 오히려 이런 일이 있을 줄은 꿈에도 몰랐다는 것이 예측 불가능한 미래에 대한 자연스러운 반응 아닐까. 나는 그럴 줄 알았다며 허세 부리듯 자신의 예측력을 자랑하는 사람도 있지만 그건 겸손치 못해 하는 말이다. 그저 원래 그렇게 흘러가게 운명 지워진 시간의 수레바퀴에 숟가락 하나 얹은 것일 뿐이다. 전문가라는 사람들이 내놓는 미래 전망을 곧이곧대로 받아들이면 안 된다. 펜실베이니아대학교의 필 테틀록 교수는 정치나 경제 트렌드에 대해 논평과 조언을 제공하는 일로 먹고사는 284명의 전문가에게 경제 성장률이나 정당 지지도에 대한 의견을 들은 뒤에 그것이 실제로 얼마나 적중하게 되는지 분석했는데 그 결과는 무척이나 실망스러웠다. 과거의 데이터를 토대로 '대략적 추정 알고리듬'이라는 간단한 연산법으로 계산한 수치보다도 정확도가 더 떨어졌던 것이다.

시칠리아의 타오르미나는 이름난 관광지다. 이 도시는 원래 요새였다. 깎아지른 절벽 아래로 지중해가 펼쳐져 있고 그 절벽 꼭대기에 도시를 둘러싼 성채가 섬처럼 버티고 있다. 언제 전쟁이 터지더라도 살아남겠다는 절박함이 지어낸 풍경이다. 그리고 바로 옆에 해발고도 3,329미터의 에트나 화산이 있다. 지금도 연기를 내뿜고 가끔씩 벌겋게 치솟는 용암을 직관할 수 있다. 화산이 터져 모든 게 재로 뒤덮일 수 있다는 생각을, 하얗게 뿜어 오르는 연기를 보며 매일 상기하고 살아가는 사람들의 마음은 어떨까 하고 자연스레 상상하게 된다. 그들은 '앞으로 우리는 어떻게 살아야 하나'라며 항상 마음 졸이며 살까? '나에게 주어진 현실이니 어쩔 수 있나. 오늘 하루도 즐겁게 보내자'라고 생각할까? 김영하의 말처럼 시칠리아 사람들이 그냥 그냥 사는 것은 언제 터질지 모르는 화산과 언제 일어날지 모르는 전쟁에도 불구하고 행복하게 살기 위한 생존 전략이 아니었을까.

예측 불가능한 세상에서 버텨내려면 이런 삶의 방식도 나쁘지 않을 것 같다. 아니 꽤 괜찮은 태도다. 불확실할수록 하루하루 맛난 것 잘 먹고 잘 자는 게 중요하다.

인간은 언제 거짓에 속을까

　거짓이 쌓이면 진짜처럼 보인다. 현실 세계에 떠도는 이야기 속에는 거짓말과 진실이 섞여 있게 마련이다. 정확한 정보를 알려주는 무미건조한 설명보다 가짜 뉴스가 만들어낸 생생한 서사가 더 사실처럼 느껴진다. 주의를 기울이지 않으면 우리는 진짜를 판별하지 못한 채 가짜에 속기가 훨씬 쉽다.

　가짜 뉴스가 파괴력을 갖는 원인 중 하나로 확증 편향을 꼽는다. 자기주장과 일치하는 정보는 수용하고 그렇지 않으면 배척하는 심리 때문에 그것에 속고 만다는 것이다. 그런데 여기에는 감정이 중요한 역할을 한다. 미시간대학교 연구팀은 정치적 주장에 대한 옳고 그름의 판단에 감정이 끼치는 영향을 조사했다. 실험을 진행하기 전에 미리 파악해둔 피험자 개

개인의 정치 성향에 따라 이민법이나 사형 제도를 주제로 글을 쓰게 해서 분노, 불안, 중립의 감정 상태가 되도록 피험자들의 정서를 유도했다. 그런 뒤에 잘못된 정보에 근거한 정치적 주장이 실린 기사를 보여주고 이것이 정확한지 아닌지 판단하도록 했다. 가짜 뉴스를 읽고 그것이 옳다고 믿는지 조사한 것이다. 연구 결과, 분노를 느낀 피험자들은 자신의 정치적 신념과 일치하면 거짓인데도 옳은 주장이라고 믿는 경향이 강했다. 이러한 현상은 피험자들이 중립적인 감정 상태인 경우보다 더 강하게 나타났다. 반면 불안을 느낀 피험자들에게서는 새로운 정보를 참조해서 기사의 정확성을 제대로 평가하려는 성향이 더 크게 나타났다.

코로나바이러스에 대한 거짓 정보를 과학적으로 신뢰할만 하다고 오판할 위험이, 분노를 느끼면 높아지지만 불안한 상태에서는 그렇지 않다. 분노를 느끼는 사람들은 코로나바이러스와 관련된 가짜 뉴스를 전파 시킬 위험도 높다고 한다. 국내 카이스트 연구팀이 작년에 발표한 조사 결과다.

분노는 자신이 옳다는 믿음과 함께 활성화된다. 사람들은 객관적 사실보다 분노를 정당화하는 정보를 선택적으로 받아들여 나는 정의롭다는 믿음을 끝까지 지켜내려고 한다. 우리 뇌는 유혹적인 거짓말을 끊임없이 속삭임으로써 인생이라는 서사에서 자신이 용감한 주인공인 것처럼 느끼게 만든다. 거짓말이라도 그것이 옳다고 믿음으로써 자신이 대의에 기여한다고 느낄 때 얻는 쾌감은 진실을 구하려는 의지보다 힘이 더 센 법이다. 철학자 버트런드 러셀도 이렇게 말하지 않았던가. "인간은 경솔한 신념의 동물이며 반드시 무언가를 믿어야 한다. 신념에 대한 좋은 토대가 없을 때는 나쁜 것이라도 일단 믿고 만족해하고 싶어 한다."

자신이 속한 집단에서 다수가 옳다고 하는 상황이라면 거짓임에도 진짜처럼 믿고 행동하게 만드는 사회적 압력에서 누구도 자유로울 수 없다. 우리가 위선적인 존재라서 그럴까? 그렇지 않다. 외로워지는 것을 죽기보다 두려워하기 때문이다. 소외에 대한 공포가 우리 마음에서 가짜를 진짜로 탈바꿈시키고 거짓된 믿음을 다 함께 공유하게 만든다.

가짜 뉴스가 넘쳐나는 건 그만큼 그것에 속는 사람도 많다는 뜻이다. 속이는 사람과 속는 사람이 한마음이 되어야 거짓말은 완성된다. 분노가 끓어오를수록, 자신이 정의로운 존재라고 과신할수록, 집단에 동조하려는 열망이 클수록 이미 그 사람은 거짓말에 속으려고 마음먹고 있을지도 모른다.

마음의 만병통치약

     매일 아침 설거지를 한다. 라디오를 틀어 놓고 음악을 들으며 접시를 닦는다. 그러다가 세제 묻힌 그릇을 싱크대에 내려놓고 잠시 멈춰 서 있을 때가 있다. 클래식 FM에서 라흐마니노프의 교향곡 2번 3악장 아다지오가 흘러나오면 지금 여기에 나는 없다. 음악이 흐르는 15분 남짓 동안 아련한 사랑의 기억 속으로 날아간다. 나~ 나~ 나~ 나나나, 하고 선율이 흐르기 시작하는 순간 바로 그렇게 된다. 음표들이 격렬하게 몰아치다 고요해질 때쯤 흐흠, 하고 숨을 고르며 현재로 되돌아온다. 시공간을 뛰어넘게 만드는 음악을 곁에 둘 수 있는 건 큰 행복이다. 사랑하는 노래가 내겐 벗이다. 친구가 느는 것처럼 플레이리스트에 쌓인 명곡은 돈보다 귀한 보물이다.

코로나바이러스가 여행길을 막아 버린 지 일 년이 넘었다. 상담할 때 환자들이 자주 이야기한다. "여행이라도 할 수 있다면 지금보단 덜 우울할 거예요." 삭막한 병원을 찾아가는 것보다 지친 마음을 여행으로 달래는 게 우리 본성에 더 잘 맞지만 그렇게 할 수 없으니 답답할 따름이다. 어떻게 해야 할까? 나는 해외에서 열린 야외 음악 페스티벌 영상을 인터넷에서 찾아본다. 휴가를 계획할 때처럼 '오늘은 어느 나라로 떠나볼까?'라며 유튜브를 클릭한다. 새파란 하늘 아래 탁 트인 광장에 모여든 군중의 열기를 느끼고 싶을 땐 영국 글래스고에서 매해 열리는 트랜스밋 페스티벌의 공연을 본다. 하늘이 황금빛으로 물든 저녁 무렵 이국의 공원을 슬렁슬렁 걷고 싶으면 핑크마티니가 연주하는 <초원의 빛>을 틀어놓는다.

'노동요'가 필요하다는 직장인이 꽤 많다. 일의 고단함을 음악으로 지운다는 거다. 실제로 음악이 일을 더 잘하게 만들어줄까? 개인적 경험도 그렇지만 다수의 연구들이 "그렇다"고 한다. 이와 관련한 오래된 연구에 따르면 2차 세계대전 당시 군수공장에 음악을 틀어놨더니 생산량이 10% 정도 증가했다. 헤드폰으로 음악을 들으며 일하는 직장인 75명과 음악을 듣지 않는181명의 업무 실적을 한 달 이상 비교한 연구도 있었는데 그 결과를 보니 노동요를 활용하는 직원이 회사에서 더 좋은 평가를 받았다. 그들은 업무 수행도 잘 했지만 무엇보다 일에 대한 태도가 더 긍정적이고 열정적이었고 한다. 물론 조용한 곳에서 일이 더 잘 되는 사람도 있으니까 일반화할 수는 없지만 내 경우에는 지금처럼 글을 쓸 때 가사가 없는 잔잔한 피아노 음악을 틀어두면 도움이 된다.

지겨운 러닝머신 위의 달리기도 음악과 함께라면 더 오래 뛸 수 있다. 영국 브루넬대학교 연구팀에서는 노래를 들으며 운동하면 그렇지 않을 때보다 칼로리를 약 10% 더 태울 수 있다는 사실을 밝혀냈다. 근력 운동을 할 때도 강도와 지속 시간을 늘여준다. 음악을 들을 때는 우리 뇌가 체력 소모량을 실제보다 적게 느끼기 때문이다. 마취제나 진통제처럼 작용하는 것인데 자신이 진짜 좋아하는 곡을 들어야 이런 효과가 나온다. 그 다음으로 중요한 건 속도다. 유산소 운동에는 분당 125~140비트 이하의 곡이 좋은데 그것보다 빠르면 유의미한 운동 증강 효과가 나오지 않는다고 한다. 그러니 음악은 친구이고 여행지로 우리를 날려 보내주는 비행기이며 노동의 조력자, 운동 파트너이기도 하다. 그렇다면 음악을 마음의 만병통치약이라고 불러야 하지 않을까.

부캐 시대의 마음가짐

원래 자기 모습인 '본캐'를 숨기고 다른 사람처럼 행세할 때 드러나는 인격인 '부캐'는 유행을 넘어 자연스러운 생활양식이 되었다. 경기 침체로 한 직장에만 매달려서는 생존이 담보되지 않으니 다양한 부캐 직업이 필요해지기도 했고 코로나바이러스로 무미건조해진 일상에서 색다른 재미를 찾으려고 새로운 부캐를 만들어내기도 한다. 그렇다고 "직업을 하나 더 갖는다" 혹은 "다양한 취미를 즐긴다"라고 부캐의 개념을 한정해서는 안 된다.

예전에 교장 선생님 모임에 초대받아 강의한 적이 있다. 그때 농담처럼 이렇게 말했다. "학교 밖에서도 교장 선생님인 거 금방 티가 나면, 인생 망한 거예요." 좀 과한 농담이다 싶겠지만, 본캐 하나만 갖고 버티다가는 사회적으로 낙오되기 십상이란 걸 강조한 것이었다. 상상해보면 금세 알 수 있다. 학교에서 교장 선생님이 집에서도 교장 선생님처럼 행동하고 쇼핑할 때도 교장 선생님처럼 점원을 대하고 친구를 만나도 교장처럼 굴고 식당에 가서도 교장 선생님인 거 팍팍 티 내가며 주문한다면 과연 그 모습이 어떻게 비춰질까? 주변 사람들은 어떻게 느낄까? 이런 사람과 친해지고 싶을까? 한 가지 모습만 고집한다면 급변하는 세상에 제대로 적응할 수 있을까?

"나는 누구이며 어떤 일을 잘 하고 무엇을 좋아하며 사회적으로 어떤 역할을 하고 있는가?"라는 질문에 이질적이며 심지어 모순적인 성향을 갖고 있다고 답할수록 심리적으로 건강한 사람이다. 자아가 다양한 모습을 띨수록 스트레스를 덜 받고 위기에 처했을 때 회복탄력성이 좋으며 우울증에 걸릴 위험도 낮다. 다채롭게 분화되지 못한 정체성이 심리적 부적응을 낳는다.

오랫동안 못 봤던 어린 시절 친구를 만났는데 "옛날에 네 모습이 아니네. 너 많이 변했다!"라는 말을 들어본 적 있을 거다. 과거의 모습이 본캐인데 시간이 흘러 본캐를 잃어버렸다는 까발림 혹은 실망을 표현한 것이리라. 시간이 흘러도 변하지 않고 언제나 한결같은 사람은 없다. 불변의 자아는 없다. 물론 과거의 그 모습도 나다. 그러나 시간이 흐르면서 더 많은 사람을 만나고 더 많은 체험을 하면서 자아는 분화한다. 오히려 어린 시절 모습을 나이 들어서도 그대로 유지하고 있다면 과거에 묶여 성장하지 못한 것이다.

부캐 역할에 충실한 이를 두고 "가식적이다, 이미지 포장한다"며 비아냥거리기도 한다. 다중인격자라며 한 사람의 근본을 문제 삼기도 한다. 그래선 곤란하다. 사람에 따라 상황에 따라 다른 역할을 하는 게 당연하고 맥락과 상관없이 똑같기를 요구하는 것이 사람을 숨 막히게 만든다. 다양한 캐릭터로 변신할 수 있어야 변화하는 환경에 적응할 수 있다. 우리 모두는 자신을 더 입체적으로 가꾸어야 한다.

옛 노래 가사처럼 내 안에는 내가 너무도 많다. 단 하나의 진정한 자아란 개념은 허상에 불과하다. 다양한 자아 중에서 "무엇이 진짜이고 무엇은 가짜다"라고 할 수 없다. 나라는 사람은 다양한 자아의 총합이다. 나를 이루는 다양한 자아 중에 일부만 인정하고 어떤 것은 못마땅하다며 부정할 때 심리적 문제가 생긴다.

험난한 세상, 부캐 없이 살아남기 힘들어졌다. 한 사람이, 한가지의 일관된 모습이어야 한다고 강요받던 시대에서 다양한 캐릭터로 변신하며 살 수밖에 없는 세상으로 바뀌었다. 일관된 정체성이 정상이고 다중적인 것을 비정상이라고 규정하던 때는 이미 지나갔다.

자연이 주는 부드러운 매혹

    등산로가 붐빈다. 산에서도 마스크를 벗지 못함에도 불구하고 가을 단풍과 파란 하늘이 보고 싶어 자연 속으로 사람들이 모여든다. 삶에 시련이 닥쳤을 때 우리는 영혼을 달래고 마음에 숨통을 틔우려 산으로 들로 간다. 아름다운 자연이 그리워지는 건 지금 당장 살아내야 하는 현실이 힘들고 슬프기 때문이리라. 집 안에서만 계속 살 수 있을 만큼 인간의 내면은 튼튼하지 못하다. 외출을 자제하라고 해도 주말만이라도 나무와 꽃을 봐야 하는 건 유희를 얻고자 함이 아니라 숨 막히는 일상을 버텨내려는 발버둥이다. 코로나바이러스의 확산을 막으려면 집에 머물러야 한다고 강조해도 이것이 항상 실천 가능하지 않은 이유다. 코로나바이러스가 지속될수록 코로나

우울증 환자도 늘 것이다. 그럴수록 자연에 대한 사람들의 갈망은 더 커질 것이 분명하다.

자연 속에 머무는 것은 스트레스를 누그러뜨리는 효과 좋은 치료법이다. 아름다운 경치를 보고 있으면 뇌에서 엔도르핀이 분비되어 정서 경험이 긍정적으로 변한다. 심신이 이완되는 부교감 신경계가 활성화된다. 50분 정도 자연을 음미하며 걸으면 도심 속을 걷는 것에 비해 우울과 불안이 줄어들고 기억력도 향상된다. 자연에서 시간을 보내고 나면 지향성 집중력이 향상된다. 정신적 에너지 소모가 많은 작업을 원활하게 처리할 수 있는 능력이 커진다. 산림욕이 스트레스 호르몬을 감소시키고 면역 세포 수를 늘린다는 것은 잘 알려진 사실이다. 지역사회에서 나무가 줄어드는 것과 심혈관질환의 발생 위험 증가의 상관성을 발견한 연구 결과도 보고된 바 있다. 자연과의 접촉은 심신 치유에 중요한 역할을 한다. 감동을 자아내는 자연 광경에는 이런 효과가 더 크게 나타난다.

나뭇잎의 색깔, 졸졸 흐르는 개울 소리, 다양하게 변신하는 구름처럼 자연에는 깊은 생각을 끌어내는 기분 좋은 요소들이 많다. 신경학 용어로 '부드러운 매혹'이라고 한다. 자연의 마음 치유력도 여기에서 비롯된다. 이런 효과는 꼭 실제 자연 속으로 들어가야만 얻을 수 있는 건 아니다. 자연을 간접적으로 감상해도 같은 효과를 얻을 수 있다. 수술 후 창밖으로 풀과 나무를 볼 수 있는 병실에 있던 환자는 벽만 보이는 병실의 환자보다 회복이 빠르고 통증도 덜 느낀다. 학술지 <사이언스>에 실린 유명한 연구 결과다. 자연의 소리를 오디오로 들으면 인공적인 소음에 노출되었을 때와는 다르게 이완 효과가 크게 나타난다. 코로나바이러스로 혼돈에 빠져버린 지금 우리가 자연을 갈구하는 것은 마음을 스스로 치유하려는 본능의 발현인 것이다.

사회적 거리두기와 심리적 거리

 "사회적으로는 거리 두고 심리적으로는 더 가깝게"
요즘 주위에서 쉽게 볼 수 있는 응원 문구다. 코로나바이러스
의 확산을 막기 위해 사회적 거리두기를 오랫동안 강조하다
보니 이제는 그 의미를 누구나 알게 되었다. 타인과 2미터 이
상 거리두기부터 많은 사람이 모이는 행사와 외출의 자제까
지. 물리적 거리두기가 더 적확한 표현인데 사회적 거리두기
라는 용어를 쓰다보니 심리적으로 고립되지 않을까 걱정한
탓에 마음의 거리를 좁히라고 캠페인을 벌이고 있는 것이다.
행복해지기 위해서는 타인과 연결되어 있다는 느낌이 필요하
다. 단절감은 암으로 인한 통증과 맞먹는 심리적 괴로움을 일
으킨다.

하지만 심리적 거리를 무조건 좁히는 것이 능사는 아니다. 심리적 경계는 정신 건강의 기본이다. 상대의 의사를 무시한 채 너무 근접해 올 때 인간관계 문제가 생긴다. 심리적 경계란 사람을 가로막는 것이 아니다. 개인적 공간, 개인적 권리와 책임에 대한 한 사람의 고유한 감각을 지켜주기 위한 것이다. 대화 중에 상대의 내밀한 심리와 개인사에 대해 지나치게 깊게 파고드는 이를 클로즈 토커라 부른다. 타인의 정체성을 지켜주려는 세심한 배려가 없는 사람이다.

사회적 거리두기의 후유증인지 가족 갈등이 잦아지고 가정폭력까지 증가했다는 보도가 들린다. 코로나바이러스로 그렇지 않아도 힘든 상황에서 '과도한 함께 있음'이 스트레스를 가중시킨다. 아무리 친해도 명절 연휴 기간 동안 큰집에 친척들이 다닥다닥 모여 있으면 별것 아닌 일로 싸우게 되기 십상인데 이것도 사람 사이의 경계가 허물어진 탓이다. 고강도 사회적 거리두기로 발생한 가족 스트레스를 줄이려면 식구 사이에도 적절하게 거리를 둬야 하다.

미국의 유명 토크쇼 진행자이자 코미디언인 엘렌 드제너러스가 미셸 오바마에게 전화를 걸어 코로나 사태에 어떻게 대응하고 있는지 물었다. "아이들은 각자의 방에서 온라인 수업을 듣고 있다. 나도 계속 바쁘게 지내고 있다"고 대답했다. "그러면 오바마 (전)대통령은 지금 뭘 하고 있느냐?"고 엘렌이 물었더니 사회적 거리두기를 실천하며 집 안에 머물러 있는 남편 오바마를 두고 미셸은 "그 양반이 지금 어디 있는지 나도 모르겠다"고 우스갯소리를 했다. 마치 부부 사이에서도 사회적 거리두기를 하고 있는 것처럼 들려 웃음을 줬다.

부모와 자녀 간에도 마음의 거리가 필요하다. 개학이 미뤄진 자녀에게 "제때 일어나라, 공부해라"는 잔소리도 한 두 번이지 부모가 아이의 행동 일일이 조절하려고 하면 자녀는 자율성을 잃고 자기 조절력을 키울 수 없다. 옳은 말이라도 강요하면 반발심을 일으킨다. 인간은 누구나 자신의 자유가 침해된다고 느끼면 외부 지시에 반하는 행동을 더 하게 된다. 게임 하지 말라고 계속 야단할수록 아이는 게임에 대한 욕구를 더 느낀다. 심리적 역반응이 생기는 것이다.

별다른 대화가 없더라도 같이 있기만 해도 편안함을 느끼는 관계가 별 탈 없이 오래간다. 서로를 사랑하지만 끊임없이 서로를 그리워할 수 있도록 연인 사이에도 약간의 거리가 필요하다. '따로 또 같이'의 느낌으로 사는 가족이 건강하다. 칼릴 지브란의 <예언자>에도 이렇게 쓰여 있지 않은가. "그러나 함께 있되 그대들 사이에 공간이 있도록 하십시오. 그래서 하늘 바람이 그대들 사이에서 춤추도록 하십시오."

어지러운 세상에서
마음의 평화를 찾으려면

      어지러운 세상에서 마음의 평화를 찾는 건 태풍 불 때의 외줄 타기와 비슷하다. 세상 풍경은 내면 풍경도 바꿔놓는다. 사회가 오염되면 마음도 병든다. 인간이 겪어야만 하는 정신적 고통은 외부의 질서와 내면의 성상이 충돌해서 생긴다. 자기 마음만 챙겨서는 정신건강이 담보되지 않는 이유다. 우리 마음은 자신을 둘러싼 환경이 상식적이고 순조롭게 기능하는 질서에 의해 유지된다고 믿을 수 있어야 평온해진다.

    내면의 은밀한 생각과 감정에 대한 이야기가 아니라 사회에 대한 걱정을 일개 정신과 의사에 불과한 나에게 쏟아내는 상담이 잦아졌다. 은퇴하고 평탄한 노년을 바랐던 이가 세금이 늘어 걱정이라며 (실질적으로는 아무런 도움도 줄 수 없는)

정신과 의사를 붙잡고 하소연한다. 자기 일에 최선을 다하며 살았던 사십 대 초반의 비혼 여성이 "이제 서울에서 내 집 갖기는 틀렸다"고 한탄했다. 아파트를 팔고 났더니 집값이 치솟아서 화병 났다고 정신과를 찾아온다. 정신적으로 건강했던 오십 대 초반의 워킹맘이 "미래에 우리 아이가 살 사회가 어떻게 변할지 몰라 불안하다"며 공포에 질려 진료받으러 오기도 했다. 칠팔십 대 부모와 삼사십 대 자식이 정치 문제로 다퉜다는 상담은 예전에도 흔히 했는데 요즘은 부부 사이에도 진보와 보수로 갈려 싸우고 온다. 코로나바이러스가 창궐하고 한 번도 경험해보지 못한 세상으로 우리 모두가 밀려들어가고 있는 상황이 정신건강을 위협하고 있다.

마음에 병이 생겼을 때 그 원인을 자기 마음 안에서만 찾으면 오류에 빠진다. 내 성격 때문이라고 단정하거나 부모의 잘못된 양육이 나를 망쳤다고 환원해버리면 진짜 원인을 놓치고 만다. 자존감을 높여서 스트레스를 이겨내라고 하라는 것은 인간이 환경의 지배를 받는 맥락의 동물이라는 점을 망각한 반쪽짜리 조언이다. 정신건강은 자신을 둘러싼 사회를 잘 들여다봐야 제대로 보살필 수 있다.

인간이 불안에 빠지는 이유는 다양하지만 핵심 기전에는 언제나 '불확실성에 대한 내성'이 중요한 역할을 한다. 불확실성이 커지거나 그것을 견디는 힘이 약해지면 불안증이 생긴다. 심리치료의 목표는 주도 사고를 가질 수 있도록 도와주는 것이다. 주도 사고란 개인이 앞으로 일어날 일에 대해 부분적이나마 통제할 수 있다는 믿음을 일컫는다. 다가올 미래에 긍정적인 결과를 스스로 만들어 낼 수 있다고 믿으면 불확실성에 대한 내성이 길러지고 성취 가능성도 높아진다.

하지만 세상의 변화가 파괴적일 정도로 극적이면 주도 사고만으로 정신건강을 지킬 수 없다. 아무리 노력해도 개인의 삶이 나아질 수 없는 상황에서 마음 건강에 대한 책임을 개인에게서만 찾으면 '내가 못 나서 그런 거야, 내가 더 노력했어야 해'라며 자책감만 조장하게 된다. 가벼운 스트레스에는 주도 사고가 효과를 발휘하지만 통제 불가능한 세상에서는 제대로 작동하지 않는 것이다.

개개인이 자신의 정신건강을 지킬 수 있는 최선의 방법은 통제 가능한 지금 현재에 집중하는 것이다. 삶을 단순화하고 일상을 건강하게 유지해야 한다. 세상은 불안정하고 그 위에 사는 우리들은 불안하고 그 누구도 괜찮을 거라고 말해줄 수 없는 상황이지만 흔들림 없이 자기 자리를 굳건히 지켜야 마음 건강도 지킬 수 있다.

마음에 초록을 키우세요

토요일, 지하철 3호선 고속터미널역에 내려 걷고 있었다. 아이를 품은 것처럼 신문지로 돌돌 말린 무언가를 가슴팍에 안고 가는 사람들이 여럿 보였다. 경부선터미널에 이르자 신문지 뭉텅이를 들고 가는 이들이 더 많아졌다. 청년들, 중년 부부, 아이 손을 잡고 프랑스어로 대화하는 키 큰 외국인 여성의 손에도 그것이 있었다. 터미널 상가 계단을 올라 3층에 들어서자 마스크로 입과 코를 꽁꽁 막고 있었는데도 꽃향기가 새어 들었다. 말 그대로 꽃 천지였다. '아, 그래 봄이 왔지.' 계절이 달라진 걸 꽃상가에서 실감했다. 꽃 사러 온 사람들을 보고 있으니 '코로나로 그동안 얼마나 답답했을까. 꽃이라도 곁에 두고 잘 견뎌보려 하는구나'라는 짠한 마음도 스쳤다. 그날 나는 흰색 불염포를 품은 꽃이 예쁘게 핀 스파티필름 모종을 칠천 원에 샀다. 큰 잎사귀가 다치지 않도록 식물 가게 직원이 신문지로 돌돌 말아 내게 건네줬다.

자연에 대한 사랑, 바이오필리아를 우리는 누구나 갖고 있다. 자연과의 접촉을 잃어버리면 마음은 병든다. 현대인의 정신건강이 점점 나빠지는 건 자연이 결핍된 환경 탓이기도 하다. 미국인 통계를 보면 평균적으로 그들에게 주어진 시간의 93%를 실내나 밀폐된 차량에서 보낸다고 한다. 자연 환경에서 보내는 시간이 기껏해야 일주일에 반나절 밖에 안 되는 것이다. 우리나라 상황은 더 나쁘면 나빴지 그보다 좋지는 않을 듯하다.

자연과 교류하기 위해 전 세계적으로 널리 활용되는 방법 중 하나는 정원 가꾸기다. 미국 성인 3명 중 1명, 일본은 4명 중 1명, 영국은 전체 가구의 90%가 취미로 꽃과 나무를 기른다고 한다. 원예 활동의 치유 효과에 대해 보고된 연구 21개를 모아 메타 분석했더니 우울, 불안, 스트레스 감소 효과가 확실히 나타났다. 정원도 없고 집이 좁아 화분 두기도 어렵다면 어떻게 해야 할까? 창밖으로 자연을 보기만 해도 치유 효과가 있다. 수술 후 병실에 누워 창밖으로 풀과 나무를 볼 수 있는 환자는 벽만 보이는 병실 환자보다 회복이 빠르고 통증도 덜 느낀다. 학술지 《사이언스》에 실린 유명한 연구 결과다. 창밖으로 빌딩 밖에 안 보인다면? 자연 이미지가 담긴 액자를 걸어두고 틈틈이 보면 된다. 풍경 사진을 10분 동안 보면 스트레스를 유발하는 문제를 풀 때 덜 긴장하게 된다는 연구 결과가 있다. 텔레비전으로 자연 다큐멘터리를 봐도 좋고 초록 풍경을 컴퓨터 바탕화면으로 바꿔도 좋겠다. 내가 진료했던 환자 한 명은 틈틈이 꽃꽂이를 하고 그것을 사진으로 남겼다가 힘들 때마다 다시 보며 위안을 얻었다.

마음속으로 상상을 해도 된다. 자연 풍경을 심상으로 떠올리기만 해도 정신건강이 좋아진다. 불안증이 있는 성인 48명을 대상으로 영국의 한 대학에서 연구했다. 자연의 이미지를 10분 동안 생생하게 마음속에서 그려보는 것이 도시 풍경을 상상한 것보다 불안 감소에 더 효과적이었다.

영국 시인 새뮤얼 존슨은 18세기에 이미 "자연에서 멀어지면 행복에서도 멀어진다"고 했다. 직접 체험하는 게 제일 좋지만 그럴 수 없다면 자연을 우리 가까이로 끌어당기면 된다. 화초를 키우고 식탁에 꽃을 두고 커튼을 열어 실내에 풍광이 스며들게 하고 벽과 컴퓨터 스크린을 꽃과 나무 사진으로 채우면 된다. 초록이 마음을 찐하게 물들일 수 있다면 무엇이든 괜찮다.

코로나바이러스와 폴리아나

하루 종일 마스크를 쓰고 상담을 한다. 환자가 내게 "선생님, 힘드시죠"라며 위로를 건넨다. 하루에도 몇 번씩 이 말을 듣는다. 얼마 전까지는 "괜찮다"고 했는데 요즘은 "네, 답답해요"라고 솔직하게 말한다. 오후가 되면 귓등까지 아프다. 마스크를 꽉 조여 쓴 탓이다.

코로나바이러스가 진료실 풍경을 바꿨다. 우선 환자가 줄었다. 바이러스가 무서워서 병원 오기가 꺼림칙하다며 예약을 취소하는 사례가 늘었다. 꾸준히 약을 복용해야 하는데 날짜를 훌쩍 넘겨 오는 환자도 많아졌다. 마스크 때문에 환자의 표정이 잘 읽히지 않아 애를 먹고 있다. 눈물 흘리는 환자가 있으면 예전에는 티슈를 뽑아 건네주곤 했는데 이제는 티슈 곽을 환자 앞으로 슬쩍 밀어주고 만다. 상담이 길어지면 "선생님, 마스크 때문에 답답해요. 벗으면 안 될까요?"라고 묻는다. 아, 이럴 때는 난감하다. 벗으라고 얘기할 수도 없다. 마음이 답답해서 상담을 왔는데 마스크 때문에 더 답답하다고 하니 환장할 노릇이다.

알코올 의존증 치료제를 꾸준히 복용하고 있던 돈가스 전문식당 사장님은 코로나바이러스 때문에 매출이 십 분의 일로 줄어서 매일 술을 마시지 않고는 견딜 수가 없다고 했다. 중국에서 상품을 수입해서 인터넷으로 판매하는 사장님은 이달 들어 폐점 상태라고 했다. 평소 먹던 항우울제를 증량해 드려야만 했다. 감정 조절이 안 되어서 치료 중이던 삼십 대 주부는 요즘 들어 아들에게 짜증을 더 많이 낸다며 "내가 나쁜 엄마예요"라며 눈물을 흘렸다. 개학이 미뤄지는 바람에 초등학생 아들과 하루종일 집에 같이 있다 보니 화낼 일이 많아졌다고 했다. 말 안 듣는 아들 공부 시키랴, 하루 세 끼 밥 챙겨주랴, 비는 시간에는 같이 놀아주고 나면 녹초가 된다고 했다. 몸이 지치니 짜증이 늘 수밖에 없다. 그런가 하면 운동으로 우울증을 조절해오던 환자가 "피트니스 센터가 문을 닫아서 운동을 못 했더니 자꾸 우울해져요"라며 재발을 걱정했다. 집에 갇혀 있다시피 했더니 불면증이 심해졌다는 환자도 늘었다. 사회성 훈련 중인 청년에게 모임에 나가 친구를 사귀라는 과제를 내줬는데 "선생님, 코로나 때문에 숙제를 못 했어요"라며 당당하게 변명한다. 마트에만 가면 호흡곤란이 생기는 공황장애 환자는 코로나바이러스가 무서워 마트에 더 못 가게 되었다며 한탄했다. 코로나라는 세상의 문제가 마음의 문제들을 압도해버렸다.

엘리너 H. 포터가 1913년에 쓴 소설 《폴리아나》의 주인공 폴리아나는 어떤 상황에서도 항상 긍정적인 면을 찾으려 애쓰는 어린 소녀다. 폴리아나는 아무리 황량한 상황일지라도 기쁨을 주는 무언가를 찾는 '글래드 게임'을 하며 낙관성을 잃지 않는다. 소설이 유명해지면서 '폴리아나'라는 이름은 낙관주의자를 일컫는 대명사가 되었다. 과도한 낙관성은 정신건강에 오히려 해롭다는 비판도 있지만 고난 속에서도 기쁨을 찾는 폴리아나는 사람들에게 힘을 주는 긍정의 상징이 되었다.

폴리아나의 시선으로 보면 혼란스러운 팬데믹에서도 작은 긍정의 싹을 얼마든지 발견할 수 있다. 남편의 음주 때문에 속 썩던 아내가 "코로나바이러스 때문에 남편이 술도 안 마시고 집에 일찍 들어와서 애들과 놀아줘요"라며 웃는다. 출퇴근하느라 하루에 두세 시간을 썼던 직장인은 재택근무 덕에 여유 시간이 생겼다며 그동안 묵혀둔 두꺼운 '벽돌책'을 읽고 있다며 흐뭇해했다. 인간의 힘으로 어찌할 수 없는 곤경을 겪고 있을 때는 우리도 폴리아나처럼 아주 작은 기쁨을 찾아보는 것

이 필요하다. 그런 작은 기쁨에 의지해 이 상황을 꿋꿋이 견뎌
내야 하지 않겠는가.

겸손한 공감

초판 발행 · 2022년 4월 19일

지은이 · 김병수
발행인 · 이종원
발행처 · (주)도서출판 길벗
브랜드 · 더퀘스트
출판사 등록일 · 1990년 12월 24일
주소 · 서울시 마포구 월드컵로 10길 56(서교동)
대표 전화 · 02)332-0931 | **팩스** · 02)323-0586
홈페이지 · www.gilbut.co.kr | **이메일** · gilbut@gilbut.co.kr
대량구매 및 납품 문의 · 02)330-9708

기획 및 책임편집 · 허윤정(rosebud@gilbut.co.kr) | **제작** · 이준호, 손일순, 이진혁
마케팅 · 한준희(영업), 김선영(웹마케팅) | **영업관리** · 김명자 | **독자지원** · 윤정아, 홍혜진

디자인 · 어나더페이퍼 | **CTP 출력 및 인쇄** · 북토리 | **제본** · 신정문화사

979-11-6521-908-6 03180
(길벗 도서번호 040189)

정가 16,000원

독자의 1초를 아껴주는 정성 길벗출판사

(주)도서출판 길벗 | IT실용, IT/일반 수험서, 경제경영, 인문교양(더퀘스트), 취미실용, 자녀교육 www.gilbut.co.kr
길벗이지톡 | 어학단행본, 어학수험서 www.gilbut.co.kr
길벗스쿨 | 국어학습, 수학학습, 어린이교양, 주니어 어학학습, 교과서 www.gilbutschool.co.kr

---

페이스북 www.facebook.com/thequestzigy
네이버 포스트 post.naver.com/thequestbook